中国证券监督管理委员会年报

中国证券监督管理委员会　　编著

2023

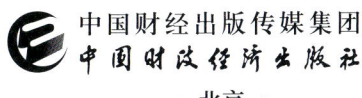

·北京·

图书在版编目（CIP）数据

中国证券监督管理委员会年报. 2023 / 中国证券监督管理委员会编著. -- 北京 : 中国财政经济出版社, 2024. 11. -- ISBN 978-7-5223-3459-2

Ⅰ. F832.51-54

中国国家版本馆CIP数据核字第2024HP6384号

责任编辑：胡　懿　　　　　　责任校对：胡永立
责任印制：党　辉

中国证券监督管理委员会年报2023

ZHONGGUO ZHENGQUAN JIANDU GUANLI WEIYUANHUI NIANBAO 2023

中国财政经济出版社 出版

URL：http://www.cfeph.cn

E-mail：cfeph@cfeph.cn

（版权所有　翻印必究）

社址：北京市海淀区阜成路甲28号　邮政编码：100142

营销中心电话：010-88191522

天猫网店：中国财政经济出版社旗舰店

网址：https://zgczjjcbs.tmall.com

中煤（北京）印务有限公司印刷　各地新华书店经销

成品尺寸：210mm×297mm　16开　10.25印张　280 000字

2024年11月第1版　2024年11月北京第1次印刷

定价：98.00元

ISBN 978-7-5223-3459-2

（图书出现印装问题，本社负责调换，电话：010-88190548）

本社质量投诉电话：010-88190744

打击盗版举报热线：010-88191661　QQ：2242791300

目录 | Contents

主席致辞

中国证监会简介

监管架构	7
管理层	8
组织架构	9
国际顾问委员会	10

加强党的全面领导

贯彻落实中央金融工作会议精神	15
狠抓思想和政治建设	16
深入开展纪检监察工作	18
加强党的组织建设	20

加强监管与风险防控

强化日常监管	25
稽查执法和打非清整	29
防范化解金融风险	31
推动资本市场法治建设和提高证券违法成本	33

资本市场改革发展情况

推动股票发行注册制走深走实	37
多层次股权市场	38
交易所债券市场	46
期货与衍生品市场	48
基金市场	51
资本市场经营机构	52

服务实体经济高质量发展

支持科技自立自强	55
发展普惠金融	56
助力绿色低碳转型	57
服务乡村振兴	58

投资者权益保护

弘扬优秀投资文化	63
完善投资者保护机制	63
健全投资者行权维权机制	63
提升投资者服务水平	64
加强投资者教育	65

推进高水平制度型开放

扩大资本市场双向开放	69
国际交流与合作	71

附录

附录1	2023年证券期货市场监管大事记	75
附录2	2023年颁布的部门规章和规范性文件	78
附录3	证监会系统单位简介及联系方式	82

附表

附表1	中国证券期货市场主要统计数据（2013—2023年）	97
附表2	证券公司一览表	98
附表3	基金管理公司一览表	104
附表4	期货公司一览表	110
附表5	合格境外机构投资者一览表	116
附表6	合格境外机构投资者托管银行一览表	145
附表7	境外证券类机构驻华代表处一览表	146
附表8	境外交易所驻华代表处一览表	149
附表9	双边监管合作谅解备忘录一览表	150

后记　　　　　　　　　　　　　　　　　　　　　　　　　　156

主席致辞

2023年是全面贯彻党的二十大精神的开局之年。在以习近平同志为核心的党中央坚强领导下，我国经济回升向好，高质量发展扎实推进，全面建设社会主义现代化国家迈出坚实步伐。2023年10月召开的中央金融工作会议擘画了加快建设金融强国的宏伟蓝图。2024年4月，国务院制定出台《关于加强监管防范风险推动资本市场高质量发展的若干意见》，这是继2004年、2014年两个"国九条"之后的又一个指导性文件。证监会和交易所等相关方面制定了若干配套文件和50多项制度规则，与新"国九条"一起形成资本市场"1+N"政策体系，发行上市、减持、分红、退市等一批重点监管措施落地实施，效果逐步显现。

党的二十届三中全会科学谋划了进一步全面深化改革的总目标、重大原则和重大举措，对于深化资本市场改革作出了新部署，提出了新要求。证监会系统将深入学习贯彻全会精神，进一步落实中央金融工作会议和新"国九条"部署的重点任务，突出强本强基、严监严管，突出以改革促稳定、促发展、强监管、强队伍，着力推动资本市场高质量发展，更好服务中国式现代化大局。

一是扎实推进资本市场改革任务落地。系统谋划未来一个时期资本市场重大改革举措，进一步完善资本市场规范发展的基础制度，完善多层次资本市场体系，健全投资和融资相协调的资本市场功能，大力发展耐心资本，提升对科技创新的制度包容性、适应性和竞争力，引导更多金融资源向新质生产力领域集聚。建设一流交易所，培育一流投资银行和投资机构。

二是坚持监管"长牙带刺"、有棱有角。依法监管、严字当头，全面检视并加快补齐监管短板弱项，加强监管协同。严把发行上市准入关，夯实高质量上市公司这个基石，督促提升上市公司治理水平，加强财务造假综合惩防。进一步提高证券违法成本，严厉打击各类违法违规行为，切实保护投资者特别是中小投资者合法权益，维护公开公平公正的市场秩序。

三是更好统筹发展和安全。把防风险作为当前和未来一个时期的重中之重。强化资本市场逆周期调节，统筹一、二级市场协同发展，进一步提升上市公司投资价值，推动更多中长期资金入市，建立增强资本市场内在稳定性长效机制。进一步完善风险监测处置机制，进一步加强量化交易、衍生品交易针对性监管，提升早识别、早预警、早暴露、早处置，特别是早识别能力，防范化解资本市场重点领域风险。

四是依纪从严管理队伍。 深入学习贯彻习近平总书记关于党的自我革命的重要思想，全面加强证监会系统党的建设，巩固深化党纪学习教育成果。严格落实中央八项规定精神，深入纠治形式主义、官僚主义，巩固拓展政商"旋转门"治理成效，一体推进"三不腐"。坚持严管厚爱相结合，激励干部担当作为，持续提升专业素质，落实监管责任，着力打造政治过硬、能力过硬、作风过硬的监管铁军，为资本市场高质量发展提供坚强保障。

中国证券监督管理委员会　主席

2024年7月

中国证监会简介

监管架构

管理层

组织架构

国际顾问委员会

监管架构

中国证监会为国务院直属机构，正部级，负责贯彻落实党中央关于金融工作的方针政策和决策部署，把坚持和加强党中央对金融工作的集中统一领导落实到履行职责过程中，依照相关法律、法规，统一监督管理全国证券期货市场，维护证券期货市场秩序，保障其合法运行。

中国证监会机关负责制定、修改和完善证券期货市场规章规则，拟定市场发展规划，办理重大审核事项，指导协调风险处置，组织查处证券期货市场重大违法违规案件，指导、检查、督促和协调系统监管工作。

派出机构受中国证监会垂直领导，负责辖区内的一线监管工作，主要职责是：根据法律、行政法规规定及中国证监会的授权开展行政许可相关工作，对辖区内上市公司、证券期货经营机构、证券期货投资咨询机构和从事证券业务的律师事务所、会计师事务所、资产评估机构等中介机构的证券期货业务活动进行监督管理；负责辖区内风险防范与处置；查处辖区内的违法违规案件；开展辖区内投资者教育与保护工作。

上海证券交易所、深圳证券交易所、上海期货交易所、郑州商品交易所、大连商品交易所、中国金融期货交易所、广州期货交易所、中国证券登记结算有限责任公司、中国证券投资者保护基金有限责任公司、中国证券金融股份有限公司、中国期货市场监控中心有限责任公司、全国中小企业股份转让系统有限责任公司、中国证券业协会、中国期货业协会、中国上市公司协会、中国证券投资基金业协会等机构，对其会员（或参与人、上市公司、挂牌公司）及证券期货交易活动进行一线监管和自律监管。这些一线监管和自律监管构成证券期货监管活动的有效补充。

管理层①

吴　清
主席

李　超	樊大志	王建军	陈华平	李　明
副主席	驻证监会纪检监察组组长	副主席	副主席	副主席

---

① 中国证监会主席吴清，自2024年2月起担任中国证监会主席职务。
中国证监会副主席李明，自2024年7月起担任中国证监会副主席职务。

组织架构

中国证监会组织架构如图1-1所示。

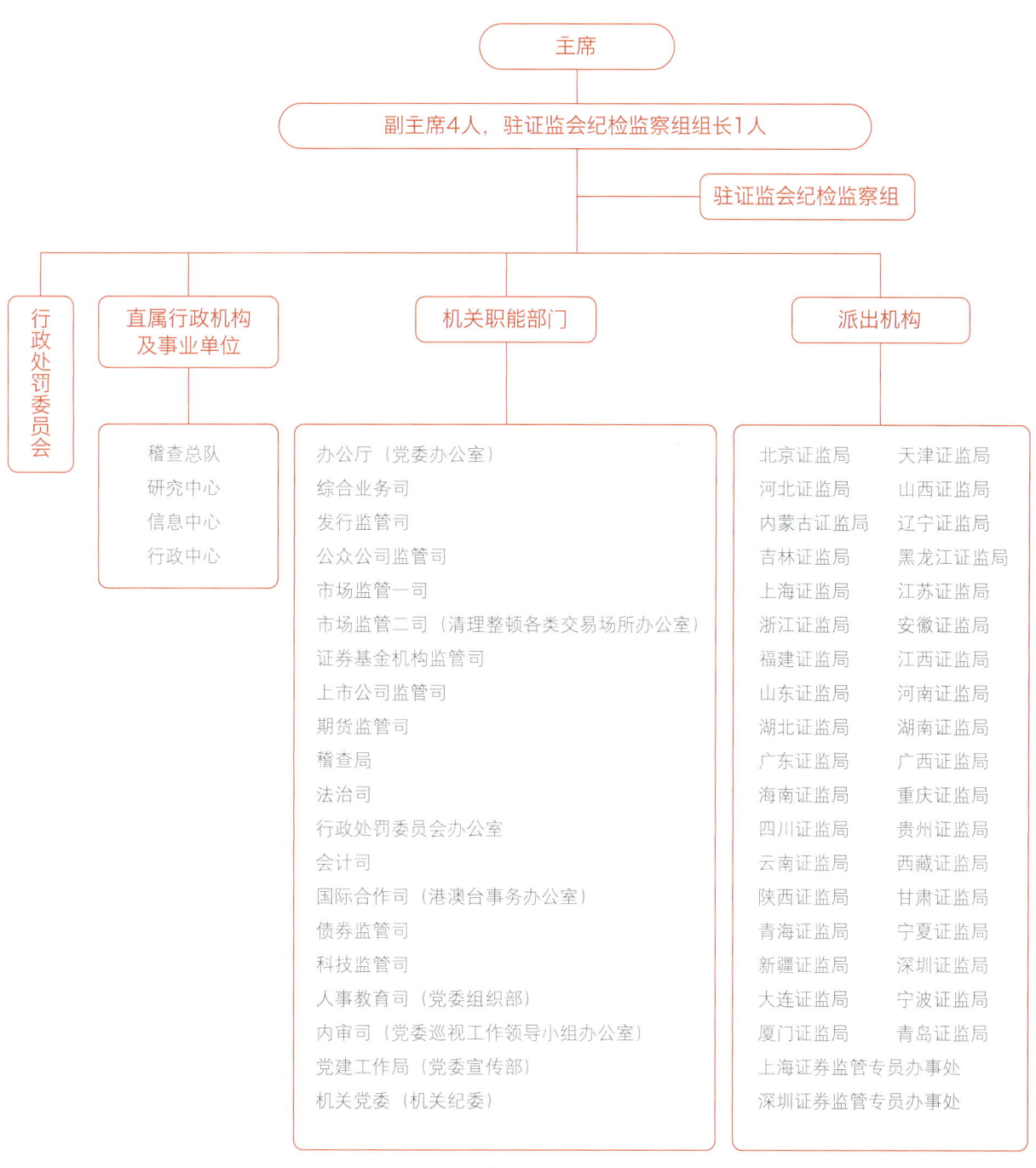

图1-1　中国证监会组织架构

国际顾问委员会

国际顾问委员会（以下简称顾委会）是中国证监会的专家咨询机构，于2004年6月经国务院批准设立，由境外金融监管高级官员、金融机构高管以及知名专家学者担任委员（见表1-1）。自2004年成立以来，顾委会每年召开一次会议，为促进中国证监会借鉴国际经验、加强国际交流合作、推进资本市场双向开放和稳定发展持续发挥积极作用，现共有委员15名，其中主席、副主席各1名；现任主席为霍华德·戴维斯先生，副主席为史美伦女士。

表1-1　　　　　　　　　　　　　国际顾问委员会委员名单

主席

霍华德·戴维斯 Howard DAVIES	原英国金融服务局（FSA）主席、伦敦政治经济学院前院长，现任Inigo保险公司主席

副主席

史美伦 Laura M. CHA	中国证监会前副主席、香港证监会前副主席，现任香港特别行政区行政会议非官守成员、汇丰控股非执行董事

委员（按英文姓氏首字母排列）

托马斯·布克 Thomas BOOK	德意志交易所集团执委会委员
马丁·弗拉纳根 Martin FLANAGAN	景顺集团名誉董事长、前总裁兼首席执行官
戴赫龙 Colm KELLEHER	瑞银集团董事会主席，摩根士丹利前总裁
沃尔特·卢肯 Walter LUKKEN	美国商品期货交易委员会前委员、执行主席，国际期货业协会会长
里奥·梅拉梅德 Leo MELAMED	芝加哥商业交易所集团终身荣誉主席，Melamed & Associates全球咨询公司主席兼首席执行官，美国全国期货协会永久特别顾问
斯蒂芬·罗奇 Stephen ROACH	摩根士丹利亚洲区前主席、摩根士丹利前首席经济学家，耶鲁大学法学院蔡中曾中国研究中心高级研究员
狄澜 Dilhan Pillay SANDRASEGARA	淡马锡控股执行董事兼首席执行长
玛丽·夏皮罗 Mary SCHAPIRO	美国证监会前主席、美国商品期货交易委员会前主席，现任彭博副董事长

续表

大卫·施维默 David SCHWIMMER	伦敦证券交易所集团首席执行官
沈联涛 Andrew SHENG	香港证监会前主席、香港金融管理局前副总裁,现任香港大学亚洲环球研究院杰出研究员
约翰·桑顿 John L. THORNTON	美国亚洲协会受托人理事会联席主席、布鲁金斯学会名誉主席;巴里克黄金公司董事会执行主席、柏瑞投资非执行董事长
氏家纯一 Junichi UJIIE	野村证券前总裁兼首席执行官,现任氏家经济研究所会长
温泽恩 John WALDRON	高盛集团总裁兼首席运营官

加强党的全面领导

贯彻落实中央金融工作会议精神

狠抓思想和政治建设

深入开展纪检监察工作

加强党的组织建设

贯彻落实中央金融工作会议精神

中央金融工作会议召开以来，中国证监会党委坚持把学习宣传贯彻会议精神作为重大政治任务抓牢抓实，第一时间传达学习，全面对标对表会议决策部署，认真研究制订实施方案，高标准、立体化、全覆盖掀起学习宣传的热潮。坚持以上率下，高位推进，证监会党委制定形成分专题的党委理论学习中心组学习安排，深入系统单位、市场机构开展调研宣讲，带头谈认识、谈体会、谈贯彻落实的思路和措施，充分发挥好领学促学作用。抓住各级班子这个关键，举行面向全体会管干部的专题轮训班，深入开展创新理论学习"读书班""三会一课"等学习活动，进一步统一思想、深化认识、鼓足干劲。同时，更好统筹行业力量，组织开展"券商高管谈建设金融强国"等系列活动，引导首席经济学家积极发声，努力营造行业学习贯彻的良好氛围。

坚持知行合一，坚定不移走中国特色现代资本市场发展之路。深入学习领会习近平总书记关于走好中国特色金融发展之路"八个坚持"的基本要义，全面对标对表中央决策部署，在前期深入调研基础上，制定落实中央金融工作会议任务的细化措施，研究出台资本市场"1+N"政策文件，切实把党中央明确的路线图变成施工图，把"任务书"转化为具体行动。同时，坚持远近结合、紧抓快办，紧扣一体推进强监管、防风险、促发展，在全力维护市场稳定运行，落实监管"长牙带刺"要求，严厉打击私募基金违法违规行为，清理整顿金交所、"伪金交所"等方面，推出一系列标本兼治的有力举措，加快推动部署要求落地实施。

以党建全覆盖调研督导为抓手，通过现场检查、小型座谈和书面调研等方式，督促中国证监会机关各党支部精心组织学习研讨，迅速掀起学习热潮。举办"学习中央金融工作会议精神　建功中国特色现代资本市场"系统团干部培训班和证监会系统工会干部专题培训班。对标对表习近平总书记重要讲话精神，围绕建设金融强国目标，以推进高质量发展为主题，以全面加强监管、防范化解风险为重点，督促各司局和单位按照贯彻落实中央金融工作会议精神实施方案的任务和完成时限抓好落实，确保中央金融工作会议精神在资本市场领域不折不扣落实到位。

围绕"加强党对金融工作全面领导、为经济社会发展提供高质量资本市场服务、强监管防风险、全面从严治党"的主题，制定中国证监会党委理论学习中心组专题学习安排，带动全系统上下全面准确理解习近平总书记对金融工作提出的一系列新思想新观点新论断，切实推动会议精神入脑入心入行。紧盯领导干部和青年干部，推动各级班子成员发挥带头作用，动员广大青年干部认真学习贯彻中央金融工作会议精神，组织开展丰富多样的学习宣传贯彻活动，调动广大干部职工参与的积极性和主观能动性。充分利用官网、微博、微信、《交流》杂志等阵地，大力宣传习近平总书记提出的"八个坚持""五篇大文章""五大监管""三个过硬"等重要思想。对外发布系列新闻宣传稿，反映系统上下学习贯彻进展成效和工作举措，引导好主流思想舆论，确保党中央关于金融工作的大政方针和决策部署得到不折不扣贯彻落实。

狠抓思想和政治建设

坚持不懈用习近平新时代中国特色社会主义思想凝心铸魂。坚持把组织好、开展好、落实好学习贯彻习近平新时代中国特色社会主义思想主题教育作为党的建设的重大政治任务。证监会系统各级党组织和广大党员、干部牢牢把握"学思想、强党性、重实践、建新功"总要求，锚定目标任务、加强组织领导、强化统筹协调，贯通一体落实理论学习，调查研究、推动发展、检视整改、建章立制等重点措施，推动全系统主题教育不断走深走实，取得实效。一是加强组织领导。召开全系统动员部署会，制订"1个总体方案+5个专项方案+X项工作安排"，健全机构，完善机制，"挂图作战"加强工作推进，组建巡回指导组对证监会机关25个党支部和系统61家单位党委开展全覆盖督促指导，确保方向明、任务清、责任实、落实快。二是党委以上率下。会党委把领学、讲学、研讨学、交流学等多种形式相融合，专家辅导"引进来"和现场参观"走出去"相结合，举办专题集中学习研讨，党委同志领题调研，按照每人"1个重点+1个难点"开展10项课题研究。聚焦北交所发展与市场期待有差距等突出问题制订实施4个专项整治方案，示范引领全系统理论学习全覆盖，调查研究有成果，检视整改见成效。三是严格教育整顿。围绕全面从严治党，推进党的自我革命，深入学习党章党规党纪开展专题学习研讨，召开证监会系统全面从严治党暨纪检监察工作会议，用身边人身边事深入开展警示教育，强化以案明纪、以案释法、以案促改；聚焦年轻干部教育管理监督开展专项整治，进一步推动年轻干部知敬畏、存戒惧、守底线。四是营造浓厚氛围。充分利用信息简报、宣传展板、"一网两端"、《交流》杂志等载体，鲜活反映系统主题教育进展成效，营造浓厚氛围。新华社等主流媒体专题报道证监会以党的创新理论为指导，科学谋划推动资本市场改革发展举措，市场各方反响积极。

持续深化政治机关建设。证监会党委要求系统各支部把学习贯彻习近平总书记重要讲话精神和党中央重大决策部署作为支部学习"第一议题"，将落实总书记重要指示批示作为首要任务，建立工作机制、形成管理闭环、做好督查督办，以实际行动走好第一方阵。持续深化政治机关意识教育和对党忠诚教育，引导党员干部深刻领悟"两个确立"的决定性意义，自觉践行"两个维护"，不断增强金融报国的情怀和担当。

抓牢抓实系统意识形态工作。证监会党委始终坚持马克思主义在意识形态领域的指导地位，持续压紧压实系统各级党委意识形态工作主体责任。在主题教育期间，专题学习习近平总书记关于意识形态工作的重要论述，举办宣传思想干部专题培训。切实提升思想理论学习实效，抓牢意识形态教育。开展论坛专项清理整治工作，指导系统单位全面自查自纠，精简论坛数量，探索建立长效机制。

认真开展巡视整改"回头看"。坚持工作标准不变、整改力度不变，持续做好巡视整改常态化长效化，及时更新工作台账，加强对各支部整改情况监督检查，持续跟踪问效。组织各支部紧紧围绕"四个一"的工作要求，深入开展全面自查，努力做到"在思想观念和行动上来个大转变"。结合年底党建调研督导，推动各党支部认真开展"回头看"，针对问题和整改措施逐条逐项对照自查，注重举一反三，完善问题解决长效措施，不断深化整改成效，推进巡视整改常态化长效化。

加强证监会系统文化建设。深入学习贯彻全国宣传思想文化工作会议精神，扎实谋划好当前和今后一段时间证监会系统宣传思想文化工作，推动系统各级党组织抓好学习贯彻。统筹推进系统廉洁文化和监管文化建设，加强行业文化建设，构建亲清监管关系，涵养健康文化生态，弘扬崇廉拒腐的良好风尚。围绕廉洁文化建设、监管文化建设，广泛开展调研座谈，深入了解工作实际情况、存在困难和特色亮点，积极选树推广先进经验和典型品牌。用好党建内刊《交流》杂志"文化建设"专栏、证监会内网廉洁文化建设专栏，定期维护更新，增进交流互鉴。

组织开展"坚定不移走中国特色现代资本市场发展之路大讨论"活动。 在证监会机关开展"坚定不移走中国特色现代资本市场发展之路大讨论"和"我为建设中国特色现代资本市场献一策"活动，指导各支部组织广大党员干部积极参与，结合部门职责认真研究思考、积极建言献策，切实把学习贯彻党的二十大精神成效转化为推动资本市场高质量发展的实际行动。

深入开展纪检监察工作

持续提升政治监督具体化、精准化、常态化。聚焦党的二十大部署、习近平总书记重要指示批示、二十届中央纪委二次全会工作部署和中央纪委国家监委工作要求，持续健全完善"一事一提醒、一月一主题"政治监督机制，通过专项监督检查、联合督查、专题沟通会商等多种方式，持续强化政治监督。对上市公司财务造假等严重侵害中小投资者合法权益问题进行专项监督，督促切实提高政治站位，坚守资本市场监管的政治性人民性，站稳人民立场，坚决履行好党和国家赋予的职能职责。对党和国家机构改革任务落实情况进行重点监督，及时开展专项监督检查和约谈、调研，从严强调"五个决不允许"纪律要求，确保改革任务走稳走深走实。聚焦全面实行股票发行注册制下证券监管公权力运行变化和特点，从证监会机关、证券交易所和派出机构3个层面，分别对发行审核公权力运行情况开展调研检查，就审核质量控制和监督体系建设等提出近20项监督意见。持续深化对上海、深圳证券交易所的驻点监督，推动健全注册制下交易所公权力监督制约机制。

一严到底深化中央巡视整改工作的监督。证监会党委与驻证监会纪检监察组联合印发《关于建立健全巡审结合+纪检监察贯通联动工作机制的意见》，通过完善巡视审计事前沟通、事中联动、事后研判、整改监督等各环节贯通协同机制，持续强化对中央巡视整改和中央审计反馈意见整改工作的监督。对中央巡视指出的重点问题和金融系统共性问题盯住不放，督促举一反三整改整治，持续开展"回头看"监督检查。认真落实中央纪委国家监委关于推进受贿行贿一起查的部署安排，驻证监会纪检监察组与证监会党委建立双向通报协作机制，及时通报查处腐败案件发现的风险和行贿行为，督促证监会加快构建有关综合惩戒体系，出台对资本市场行贿行为的监管惩戒专门制度，提升打击行贿行为的精准性，通过对行贿人实施限制市场准入，综合评价联动等资格罚、经济罚等方式，从严采取监管措施。持续深化政商"旋转门""逃逸式辞职"专项整治，从削减证监会系统监管干部履行公权力时形成的"职务身份价值"出发，从严制定和执行离职人员从业限制和跟踪管理等制度规定，对离职人员违规入股拟上市公司进行穿透式管理，从制度机制上推动问题解决。

持续保持从严惩治资本市场腐败行为的高压态势。2023年，驻证监会纪检监察组和证监会系统单位纪委综合运用"四种形态"批评教育和处理221人次，处分39人次，坚决落实党中央、中央纪委国家监委关于金融反腐工作部署，认真落实中央金融工作会议精神，围绕强化"不敢腐"的震慑持续深化证券发行审核领域腐败问题专项治理，坚决打击弃守监管职责、破坏监管秩序、制造金融风险等资本市场新型腐败和隐性腐败案件问题，坚决防止核准制下廉政风险蔓延至注册制。坚持"一案一剖析、一案一专题"深入分析腐败案件的深层次原因，针对案件反映的期权腐败、"影子股东"等腐败行为新特点，组织开展专题调研，从强化制度供给、加强穿透式监管等6个方面提出改进意见，持续推动证监会制定修订发行上市审核监管、会管单位管理、科创板和创业板板块定位等制度规定。用身边人身边事制作专题警示教育片全覆盖开展警示教育，证监会党委与驻证监会纪检监察组协同建成证监会系统首个常态化廉政教育基地，分期分批组织干部现场接受教育，通过现场倾听忏悔声音、看到"围猎"诱饵，在触及灵魂的洗礼中强化"不想腐"的思想自觉。

针对证监会系统"四风"问题新特点新动向进行集中整治。进一步加大由风查腐、由腐纠风力度，强化对"一把手"等关键少数的监督以及重点权力运行全过程的监督制约。紧盯大手大脚铺张浪费等违反财经纪律问题，严格落实好"过紧日子"要求，开展对落实"十个严禁"情况的专项监督，针对日常监督发现的个别单位"过紧日子"意识不强、花钱大手大脚等问题集中开展专项整治，督促从严压降系统各单位办公用房面积。紧盯"我为群众办实事"落实不到位问题，推动证监会系统不断深化对资本市场政治属性和人民性的认识，加快解决登记备案规则体系不完善、投资者服务平台运行等问题，切实增强市场参与者获得感满意度。全年查处证监会系统涉及违反中央八项规定精神问题共22人。

结合证监会系统垂管单位实际深入开展主题教育和教育整顿。 把开展纪检监察干部队伍教育整顿同开展学习贯彻习近平新时代中国特色社会主义思想主题教育紧密结合，证监会党委与驻证监会纪检监察组共同成立领导小组，周密部署推进证监会系统纪检干部队伍教育整顿，在重点环节、关键时点持续进行专题推进。督促成立4个督导检查工作组，指导建立"分片协作 联学共建"工作机制，驻证监会纪检监察组直接对中国结算、深交所、深圳证监局等10家单位进行现场督导检查，督促严格落实"第一议题"制度，强化创新理论武装。加强对证监会系统纪检干部的统筹调配，通过选派干部参加"室组地"联合办案、参与驻点监督、参加中央巡视以及专项工作等方式，在实战实践中锤炼和提高纪检干部专业本领。结合证监会系统单位实际分层分类进行监督指导，集中开展系统单位纪委案件质量评查，对纪检干部违纪问题进行提级管理，对存在违纪行为的纪检干部坚决予以清理，从"八小时"内外全面加强对纪检监察干部的从严监督管理，坚决防治"灯下黑"。

加强党的组织建设

持续加强全系统党组织建设。一是突出统筹谋划，推动知责明责。 有效发挥党建工作领导小组作用，强化议事协调功能，全年召开领导小组和办公室会议9次，传达学习习近平总书记重要指示批示精神和中央有关部门部署要求，研究部署全面从严治党、主题教育及"回头看"等工作，制定2023年度党建工作要点，全面谋划推进全系统党建工作。制定《证监会党委关于落实机关党建主体责任的意见》《证监会党委落实机关党建主体责任任务清单》，细化证监会党委，机关党委、党支部，群团组织抓机关党建责任。**二是突出强基固本，推动作用发挥。** 坚持抓机关带系统，持续深化党支部标准化规范化建设，严格落实"三会一课"、谈心谈话等组织生活制度，高质量开好主题教育专题民主生活会和组织生活会。深化证监会机关"四强"党支部创建，制定《证监会机关"四强"党支部创建管理办法》，建立创先争优长效机制。2023年，驻证监会纪检监察组、办公厅、公众部、债券部4个党支部被评定为中央和国家机关"四强"党支部。严把发展党员入口关，严格党员日常教育管理，组织动员党员、党组织在资本市场改革发展稳定中心工作中发挥先锋模范和战斗堡垒作用，不断提升党组织政治功能和组织功能，建强党员队伍。**三是突出层层落实，推动履职尽责。** 动态更新证监会党委成员派出机构党建联系点，健全党委成员对口联系会管单位党委工作机制，加强对系统单位落实全面从严治党主体责任的督促指导。从严从实开展党组织书记抓基层党建工作述职评议考核，逐级传导责任压力，强化考核硬约束，切实推动各级党组织书记履行好"第一责任人"责任，不断提升党建工作质效。

扎实推进领导班子和干部队伍建设。 主动适应机构改革变化，坚持事业为上，坚持"三个过硬"标准，大力选拔对党忠诚、敢于担当、作风清廉、善于监管、年富力强的干部。**一是强化鲜明用人导向。** 突出政治过硬，加强创新理论武装，不断增强拥护"两个确立"、做到"两个维护"的坚定性自觉性，严格落实"第一议题"制度，严格执行重大事项请示报告制度，持续深入抓好中央金融工作会议精神的学习宣传贯彻。积极践行资本市场监管的政治性人民性要求，深入推进政治机关建设，强化政治与业务深度融合，增强政治机关意识、公职人员身份意识和公权力意识。突出能力过硬，以履职能力为重点，推进任职培训、专业培训，在系统性培训中强化干部员工党性修养和专业能力。统筹做好援疆援藏、乡村振兴、博士服务团、东西部系统单位交流等，在实践锻炼中拓宽干部视野。突出作风过硬，让干部在加强资本市场监管、维护市场平稳运行、防范化解金融风险的一线锤炼，加强斗争精神和斗争本领养成。**二是深化综合分析研判。** 坚持近距离考察，持续做好新调整领导班子和新任职"一把手"跟踪考察，掌握一手情况。坚持从严考核，建立健全平时考核制度，加强考核结果的深入分析、分层反馈和综合运用，激励先进、鞭策后进，发挥考核指挥棒作用。统筹运用调研、考核、考察、"一报告两评议"、民主生活会、巡视等成果，加强班子运行综合研判，找准存在的突出问题，坚持分类施策，促进功能提升。**三是加大统筹谋划力度。** 坚持系统"一盘棋"，加强统筹，班子结构更加优化、功能进一步增强。坚持问题导向和目标导向，对系统领导班子和干部队伍建设开展调研，提出务实管用举措，为资本市场高质量发展建设提供有力支撑。

落实政治过硬能力过硬作风过硬标准，全面从严加强自身建设。 为全面学习贯彻习近平总书记关于党的建设的重要思想和党的自我革命的重要思想，落实习近平总书记关于加强证监会系统自身建设的重要指示精神，以及中央金融工作会议、二十届中央纪委三次全会、国务院第二次廉政工作会议精神，中国证监会党委制定印发《关于落实政治过硬能力过硬作风过硬标准 全面加强证监会系统自身建设的意见》，明确了未来一个时期证监会系统自身建设的努力方向、目标任务和具体举措，为一体推进资本市场强监管防风险促高质量发展、建设中国特色资本市场提供坚强政治保证和组织保证。

顺利完成内部巡视全覆盖，持续提升内部监督质量效果。 2023年，证监会党委统筹安排会党委第一轮、第二轮巡视，对14家系统单位分别开展常规巡视和中央巡视整改"回头看"专项巡视，通过强化巡视监督，系统单位政治意识明显提升，党的建设和监管工作取得新成效，巡视政治监督作用逐渐彰显。

立足经济监督定位，服务资本市场高质量发展。 2023年，证监会党委印发实施《中国证监会内部审计工作规划（2023—2027年）》，更好发挥内部审计在推动证监会系统完善治理、规范管理方面的职能作用。聚焦资本市场改革发展重点任务，围绕股票发行注册制改革、落实"过紧日子"政策要求、派出机构"一把手"监督等，对10家系统单位统筹开展任中经济责任审计、财务收支专项审计和科技项目建设管理专项审计，通过有力有效的审计监督，推动系统单位进一步强化内部管理、严肃财经纪律。

加强监管与风险防控

强化日常监管

稽查执法和打非清整

防范化解金融风险

推动资本市场法治建设和提高证券违法成本

强化日常监管

深化行政审批制度改革

深入推进行政许可事项清单管理。在国务院办公厅统一领导下,参与完成《法律、行政法规、国务院决定设定的行政许可事项清单(2023年版)》修订工作,并严格落实。根据全面实行股票发行注册制改革、企业债券发行审核职能划转等改革部署,动态更新完善行政许可事项清单、实施规范和办事指南,为申请人申报行政许可提供指引。

全面实现政务服务"一网通办"。完成证监会政务服务平台行政许可系统注册制流程改造建设,并与各证券交易所股票、债券发行审核系统对接连通,实现全面实行股票发行注册制背景下全部行政许可事项全流程电子化办理。在证监会政务服务平台服务门户汇聚各证券交易所首次公开募股(IPO)、再融资、并购重组、公司债券等各类注册制行政许可事项申报入口,实现申请人申报行政许可"进一扇门,办全部事"。

持续加强行政审批透明度建设。推动行政审批全流程公开透明,及时公布行政许可办理进度、问询反馈等过程性文件和行政许可批复文件。将政务服务平台与中国证监会综合办公平台对接,申请人可通过政务服务平台获取行政许可办理结果,实现许可事项全流程数据闭环管理。

强化交易所市场监管

加强交易所监管。对沪深交易所开展现场检查2次,抽查有关项目、形成检查报告,提出问题并督促整改。召开"一部两所"例会13次,指导两所统一审核理念、标准和流程,对业务实践中遇到的新问题,推动形成处理路径和标准。在沪深两所分别组织召开培训交流会,分专题讲解交流相关政策和监管理念。年底对沪深交易所开展发行上市审核工作评价,督促

两所提升审核水平和工作质量。强化日常监督管理,及时研究答复相关请示,推动两所持续提升发审工作效能。

建立程序化交易报告制度安排。2023年9月1日,中国证监会指导沪深北交易所发布《关于股票程序化交易报告工作有关事项的通知》《关于加强程序化交易管理有关事项的通知》,建立程序化交易报告制度和监管安排,并于2023年10月9日起正式实施。

加强上市公司规范运作监管

以整治"财务洗澡"为抓手,严厉打击各类财务造假。一是开展"财务洗澡"专项整治。针对上市公司通过不当计提资产减值等方式掩盖财务造假、资金占用等违法行为,坚决予以查处。二是坚决查处各类财务造假。坚持从严监管、精准追责,切实体现监管"长牙带刺",有棱有角的要求。三是完善深层次制度机制。推动构建财务造假综合惩防工作体系,优化监管执法体制机制,增强部际协调和央地协同。

提高上市公司质量开始从"治乱"向"提质"转变。2023年是新一轮提高上市公司质量三年行动方案的开局之年。推动强化年报会计政策等关键信息披露、推动上市公司业绩说明会常态化等多项举措平稳落地,持续推进公司治理专项行动,上市公司高质量发展基础不断巩固。

完善财务信息披露规则,强化财务报告内控,助力提升上市公司信息披露质量。针对性完善财务信息披露规则体系。聚焦市场需求,修订财务报告的一般规定和非经常性损益两项财务信息披露规则,进一步规范公开发行证券的公司财务信息披露行为。加强会计准则执行监管。围绕"提高企业会计准则和财务信息披露规则执行质量"和"全面及早发现财务舞弊"双重目标,审阅884家上市公司年度财务报告,对发

现的重大问题线索移交审计监管进行后续处理，发布《上市公司2022年年度财务报告会计监管报告》，督促指导资本市场经营主体严格执行会计准则和财务信息披露规则。联合财政部发布《关于强化上市公司及拟上市企业内部控制建设 推进内部控制评价和审计的通知》，推动在全市场实施财务报告内部控制审计，助力提升上市公司信息披露质量。

强化北交所上市公司日常监管，完善监管制度机制。 研究优化信息披露、股份回购、现金分红等北交所上市公司监管规则。有序推进北交所独董制度改革，优化上市公司减持制度，督促推进内控审计工作。**强化信息披露监管。** 持续跟进年报审查进展，做到年报审查"全覆盖"，及时反馈审查意见，加大公开问询力度。督促触及异动标准的公司及时披露公告，对连续异动的股票及时停牌，从快从严查处减持未披露、内幕交易、市场操纵等违法行为。**持续开展公司治理专项行动。** 提高"三会"运作水平，解决董监高任职超期问题，完善公司内部制度，压实关键少数责任，组织开展"关键少数"合规培训、防范内幕交易专项培训，总结标杆典型案例，夯实上市公司规范基础。

加强非上市公众公司日常监管

抓实抓细分类分层监管。 落实高质量建设北交所改革要求，强化新三板市场培育功能，结合日常监管和实施效果，修订《全国中小企业股份转让系统分层管理办法》，切实优化创新层功能定位，调整完善分层制度，进一步顺应企业开展直接融资的自愿选择和实际需求。严格落实分类监管工作要求，做好重点公司定期调整工作，有针对性地倾斜监管资源。**加强规范培育功能。** 发挥现场检查抓手作用，对重点公司深入开展现场检查。结合公司治理专项行动开展情况，持续引导公司主动补齐内控短板。持续加大规范培训力度，针对不同主体的身份特点分类开展合规培训。**做好退市公司监管。** 加强退市程序衔接，确保常态化退市路径通畅。2023年6月9日，深交所发布施行《关于可转债公司债券退市整理期间交易安排的通知》，全国股转公司发布《退市公司可转换公司债券管理规定》，规范可转债在退市板块的挂牌转让及相关活动。截至2023年底，退市板块共有公司186家，其中两网公司（原"STAQ和NET系统"公司）7家，退市公司179家。**强化跟踪研判，牢守风险底线，持续做好风险预研预判。** 以重大风险事项报告制度和舆情监控为依托，提前预警、妥善处置个案风险事项，保障市场稳定运行。**"零容忍"查处违法违规，防范化解重大风险。** 加大违法违规行为查处力度，对违法违规行为严肃追责，及时采取行政处罚、行政监管措施，维护良好市场生态。

债券市场监管

加强债券发行人监管。 强化对债券发行人异常交易和违法违规行为的监测监管。2023年度开展公司债券发行人现场检查244家次，对债券发行人采取行政监管措施50家次。加强债券募集资金监管，制定募集资金监管工作指引，开展债券募集资金专项检查。规范公司债券年报披露工作，对无故未按期披露年报的发行人采取行政监管措施。**加强中介机构监管。** 统筹风险处置和从严监管，对涉及重大风险处置违规的中介机构依法依规予以处理。2023年对公司债券承销受托机构、ABS管理人、评级机构共计检查110家次，采取行政监管措施28家次，对相关责任人员采取行政监管措施19人次，严肃债券市场执业纪律。加强债券交易监管。加强重点领域债券异常交易排查，开展一、二级价格倒挂专项排查，筛查涉嫌内幕交易、市场操纵行为，发现3起违法违规行为线索并报送稽查局。强化债券异常交易监控依法依规采取监管措施。2023年累计协查问询400余次，采取自律监管措施300余次，对2名涉嫌关联交易投资者采取限制交易纪律处分。

加强期货市场日常监管

加强期货市场日常监管。 加强市场预研预判，及时跟踪分析宏观经济形势变化，强化场内外联动风险监测分析与跨市场交易行为监管，进一步提高监管工作有效性。强化期现联动监管，积极做好与现货管理部门的沟通协作和信息共享，维护期货现货市场平稳运行。有效应对市场风险，针对部分大宗商品价格波动加大等情况，指导各期货交易所对43个品种采取提高手续费、保证金，收紧限仓水平，实施交易限额等措施共计145次，有效防范过度投机。坚持"零容忍"，加大对违法违规行为的排查和打击力度。2023年，各期货交易所共处理异常交易行为1 563次，发现违规线索305条，实行自律处罚78起。

加强场外衍生品监测监控。持续推进中国期货监控场外衍生品交易报告库建设，完善场外衍生品业务监测分析系统，不断强化数据质量治理，加快推动数据要素标准化，健全数据校验机制，定期向期货交易所、期货业协会等共享相关信息，为做好场外衍生品业务监管工作提供重要支撑。

加强资本市场经营机构监管

持续优化日常监管效能。以问题和风险为导向，开展重点业务现场检查，落实穿透式监管和全链条问责要求，对违规机构和人员依法采取监管措施，将典型案例在行业内通报，引导全行业抓紧自查、对照整改，切实提升行业规范展业水平。持续优化证券公司"白名单"机制，传导扶优限劣的监管导向，合理纳入更多监管事项，切实减轻行业机构负担，提升机构"获得感"。优化完善基金管理人分类评价制度和基金公司画像，强化基金专户子公司和证券投资咨询机构分类监管工作，助力证券基金行业健康发展。充分发挥首席经济学家等行业专家功能作用，积极引导行业专家为落实党中央、国务院重要部署和建设中国特色现代资本市场等资本市场重点工作建言献策。

私募基金日常监管。出台《私募投资基金监督管理条例》（以下简称《私募条例》），于2023年9月1日起正式施行，推进私募行业法治化进程和高质量发展进入新阶段，对行业具有里程碑意义。落实《私募条例》要求，全面修订《私募投资基金监督管理暂行办法》，已公开征求意见。指导基金业协会全面修订发布《私募基金登记备案办法》及配套管理人登记指引，持续完善登记备案要求。积极推动私募基金风险防范处置工作，引导私募行业合法合规经营。2023年，合计对约1 070家私募机构开展现场检查，对287家机构及责任人采取行政监管措施，对16家机构及责任人采取行政处罚，移送涉嫌犯罪线索12条，注销2 537家私募机构。

强化会计师事务所、资产评估机构监管。研究优化审计评估机构备案监管安排。持续完善监管规定，加强首次备案及持续执业监管，切实维护备案严肃性和市场合理秩序。强化年报审计监管。督促53家重点机构加快健全质量管理体系，加强"财务洗澡"风险公司、退市类高风险公司等786个重点审计项目监管，聚焦收入、资产减值等9个重点风险领域加大监管力度，集中开展风险、约谈督导，督促会计师事务所尽责执业、严守底线。持续强化审计评估机构监督检查力度。对9家会计师事务所和2家资产评估机构开展全面及合规性检查，覆盖108个执业项目；开展独立性专项监管行动。在全部已备案会计师事务所自查的基础上，对37家会计师事务所进行重点检查；对105个项目开展"财务洗澡"专题检查；对275个审计项目和67个评估项目开展执业项目检查；依法严厉处理审计评估违法违规行为，对153家次审计评估机构及332人次执业人员采取行政监管措施，并将部分涉嫌违法违规项目移送稽查处理。适时出台相关监管制度。制定并发布《监管规则适用指引——审计类第2号》，指导注册会计师在收入审计中保持职业怀疑，切实应对收入造假。联合有关部门出台《会计师事务所从事证券服务业务信息披露规则》《国有企业、上市公司选聘会计师事务所管理办法》，发布《会计师事务所从事证券服务业务年度执业信息》和《2022年度证券审计市场分析报告》《2022年度证券资产评估市场分析报告》，提高证券市场透明度、形成质量为导向的市场选聘机制。

持续加强律师事务所从事证券法律业务监管工作。联合司法部修订《律师事务所从事证券法律业务管理办法》，拓展律师事务所从事证券法律业务领域，完善证券法律服务监管规定，加强律师事务所建立健全风险控制制度的要求。发布《监管规则适用指引——法律类第3号》，指导律师事务所做好备案工作。组织派出机构开展债券发行上市证券法律业务专项检查，总计涉及65家次律师事务所，70个证券法律项目，对检查发现的违法违规问题依法采取行政监管措施。

提升科技监管能力

加强信息技术系统服务机构监管。 完善备案协作机制，加强从事证券服务业务的信息技术系统服务机构首次备案监管，截至2023年底，共有343家信息技术系统服务机构完成首次备案并公示。持续做好信息技术系统服务机构日常监管，完成信息技术系统服务机构2023年度备案和重大事项变更备案。

提升监管信息化数字化水平。 优化完善证监会智慧监管平台，持续建设推广监管云、证联网、监管大数据仓库等信息基础设施，完成行业基础数据库一期建设。以上市公司监管系统、债券科技监管系统、一线监管服务专区等重点项目为着力点，推动科技赋能数字化监管，不断提升监管工作质效。强化行业标准化支撑能力，组织制定2项国家标准，发布17项行业标准。稳步拓展资本市场金融科技创新试点广度和深度，新增济南市、浙江省、成都市作为试点地区。推进区域性股权市场区块链由技术试点转向业务创新应用。统筹开展大模型等新技术研究应用。

稽查执法和打非清整

"零容忍"打击证券违法犯罪，维护资本市场新生态

2023年，证监会坚决贯彻党中央、国务院关于依法从严打击证券违法活动的决策部署，不断夯实工作基础，持续优化体制机制，积极发挥系统合力，"零容忍"打击各类违法违规行为，不断净化市场生态，全力维护资本市场平稳运行，有效提振投资者信心，全年新增立案案件384件，办结365件（见图3-1）。

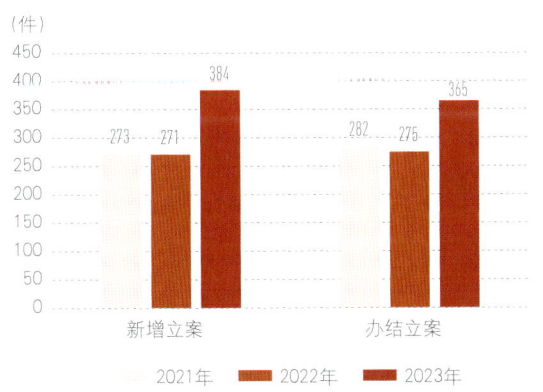

图3-1 2021—2023年案件办理总体情况

坚持"一案多查"，重拳打击财务造假行为。全年立案调查信息披露违法案件139件，坚持"申报即担责"，坚决查办思尔芯等4件发行人在发行申报阶段报送虚假财务数据案件；彻查美尚生态、奇信股份等欺诈发行案件，从源头上遏制造假欺诈行为；开展惩治"财务洗澡"专项工作，严打借减值计提之名掩盖财务造假之实等违法行为（见图3-2）。坚持"一案多查"，对参与造假的中介机构一体追责，查办中介机构违法案件73件，持续推动执业质量进一步提升。

维护公平交易秩序，提振投资者信心。2023年全年立案调查操纵市场案件18件、内幕交易案件79件，严厉打击华扬联众等9件上市公司实际控制人、高管与游资内外勾结操纵本公司股价案件，遏制市场投机炒作氛围；严查俞某内幕交易国民技术等典型案件，坚决破除内幕交易顽疾。

严厉打击违规减持行为。对8家上市公司大股东、实际控制人、董监高违规减持股票行为立案调查，从重从快追究行政法律责任，释放鲜明监管信号，坚决维护市场公平、公正交易秩序。

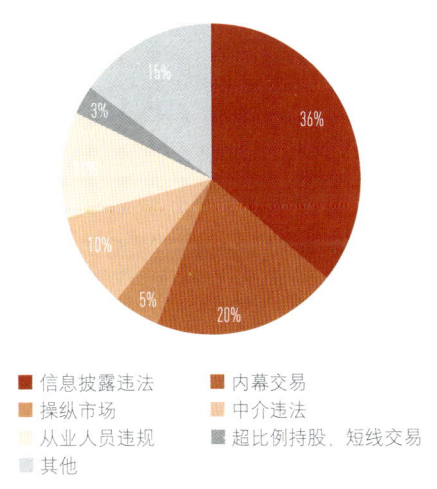

图3-2 2023年立案案件类型

完善执法协作，强化"零容忍"打击合力

充分发挥公安、检察派驻体制优势，向公安机关移送涉嫌犯罪案件和线索118件，联合公安、检察机关集中部署，督办推动上市公司涉嫌违法犯罪重点案件查办，会同公安机关破获多起操纵市场、内幕交易重大案件，提升刑事打击成效。持续开展跨境执法协作，全年办理涉外协作事项159件，与香港证监会召开第十四、十五次执法合作工作会议。

依法履行行政复议、应诉职责

2023年全年共办理行政复议案件440件（含往年结转130件），已办结行政复议案件412件。其中，驳回或维持362件，复议撤销原行政行为8件，不予受理或驳回申请8件，另有12件案件转办或逾期未补正。制发行政复议意见建议书27份,督促规范执法,推动执法尺度统一。妥善化解行政争议,22件案件当事人主动撤回行政复议申请。加强统筹协调指导,凝聚系统力量,保障应诉工作成效。2023年全年共办理行政应诉案件556件(含往年结转130件),通过出庭应诉强化行政行为监督,提高执法的规范化、法治化水平。

行政处罚"长牙带刺"

全年共作出539份行政处罚决定,罚没金额63.89亿元,市场禁入103人次。依法处罚泽达易盛、紫晶存储等欺诈发行案件,极大震慑发行注册环节违法违规,有力配合注册制改革走深走实;严肃惩处易见股份、宏达新材、专网通信等恶性财务造假案件,坚决破除全流程全要素造假"生态圈",有力整肃净化市场环境。依法从严从重处罚东北证券、大华会计师事务所等中介机构,督促中介机构恪尽职守,提升能力,真正发挥好"看门人"作用;依法严惩海航控股等债券市场违法案件,不断释放债券市场"严监管"信号,坚决消除监管"盲区"。

强化清理整顿与打非工作

打防并举,大力遏制非法证券期货活动。组织开展第四届全国防非宣传月,组织创作短视频、微电影、海报、漫画、游戏、文创产品、地方特色节目等宣传作品4.3万件,利用权威媒体、网络新媒介、电信及多元线下渠道等广泛宣传,覆盖超9亿人次,有效提升群众识非防非能力。创新开展"小红花 心向党"防非公益活动,吸引超32万人次参与,组成1 267个小队,连续宣传3个月,并顺利完成100万元人民币公益项目配捐目标。开展非法证券活动网上信息治理专项工作,累计清理涉股市黑嘴、非法荐股、假冒仿冒持牌机构信息118万条。严厉查处非法荐股、场外配资等涉非案件,指导中证数据有限责任公司通过技术手段摸排涉非法荐股的网站、App或自媒体账号线索107条,组织证监局及时核查处置,联合公安部门严打网络直播类、"量化投资"类新型非法荐股案;组织核查场外配资线索1 805个,全链条打击中祥网、裕信宝多起场外配资大要案。调研完善整非工作机制,深入调研广东、江苏、四川3家证监局及5家证券期货公司和4个投资者教育基地,在此基础上进一步优化系统内整治非法证券期货活动职责分工和工作机制。组织召开清理整顿各类交易场所部际联席会议第八次会议。强化部际央地协同,持续推进金交所专项整治,有序清理"伪金交所",相关领域风险显著收敛,非法机构进一步出清。交易场所数量持续压减,长效机制不断完善。

防范化解金融风险

从严从紧把好入口关

坚决落实国家产业政策要求，防止资本无序扩张。推动政策关口前移，完善资本市场规则与行业主管部门的政策对接。严格执行股东穿透核查，防范"影子股东"违法违规造富。**把防范欺诈发行和财务造假风险作为监管重点**，综合运用审核问询、多要素校验、现场检查等方式，让问题企业出清。2023年，共对42家企业[①]开展现场检查，全年IPO企业共撤回230家、否决或不予注册企业9家，撤否率51.5%。**强化保荐机构监管**，坚持对中介机构违法违规行为"零容忍"，2023年共对25家保荐机构、47名保荐代表人、6家发行人采取监管措施。**强化再融资监管**。制定优化再融资监管一系列制度安排，限制破净、破发、持续亏损企业再融资。落实中央要求，助力防范化解房地产领域金融风险，6家房地产企业完成再融资注册。

防范化解上市公司风险和处置

稳妥处置上市房企风险。 ST泰禾等9家上市房企平稳摘牌。支持优质房地产企业通过改善资产负债表，满足行业合理融资需求。支持招商蛇口、陆家嘴等上市房企发行股份购买资产。**持续打击资金占用违规担保，实现监管常态化。** 2023年，持续开展占用担保常态化监管，全市场占用担保余额较历史峰值大幅压降。对新发现、新发生的资金占用和违规担保严厉查处，精准追责，形成有力监管。**引导破产重整成为风险化解重要途径。** 2023年，先后有豆神教育、广东榕泰等16家公司被法院裁定受理破产重整。**稳妥化解可转债风险，填补制度空白。** 明确可转债退市相关规则，实现*ST蓝盾平稳退市。首次出现*ST正邦、*ST全筑2单可转债存续期间实施破产重整案例。**及时稳妥应对上市公司个案风险。** 支持中国国航要约收购山航股份，通过双方资源互补、业务协同实现行业整合，推动山航化解流动性风险。

[①] 不含北交所。

扎实推进债券违约风险防范和化解处置

紧盯房地产、融资平台等重点领域债券违约风险，分类施策做好风险防范化解，坚决防止大面积、集中违约，努力推动债券市场风险进一步收敛。**做好融资平台债券风险防范化解工作。** 贯彻落实党中央、国务院关于地方债务风险化解的工作部署，持续加强与地方政府及相关部门的协调合作，提高风险防控的协作联动效应，凝聚防控合力。持续健全债券违约风险预防预警机制，做好重点地区债券违约风险的排查监测，加强综合研判和应对处置，稳妥化解风险隐患。健全市场化法治化多元化的债券风险处置机制，稳妥做好房企债券违约风险防控处置工作，支持房地产市场平稳健康发展。

在债券发行人和债券投资者平等协商达成一致的基础上，稳步推动债券整体展期试点，支持陷入流动性困境但具备持续经营条件的房企"以时间换空间"，同时增加资产抵押、质押，强化投资者合法权益保障。**做好企业债券风险防控化解工作。** 以日常风险监测为基础，密切跟踪企业债券兑付情况，加强与地方政府的沟通协调，推动压实各方责任，督促发行人以多种方式筹措资金，全力做好企业债券兑付风险防控工作。

防范化解资本市场经营机构风险

持续加强风险监测。 完善证券公司风险精准画像机制、建立重点业务风险台账。加强监管协同，提高风险线索核查的延伸性、时效性、针对性，扎实做好风险识别应对，加强重点机构贴身监管。持续做好重点业务和重点产品风险防范，完善风险预警、应对与处置相关机制，压实主体责任，严控单体风险不外溢，牢守不发生系统性风险底线。积极稳妥推进证券公司境外子公司非法跨境展业整治工作。加强基金境外子公司风险管控。

持续做好风险化解相关审批工作。 核准北京华融综合投资有限公司成为恒泰证券主要股东，北京金融街投资（集团）有限公司成为恒泰证券、恒泰长财证券、新华基金实际控制人，核准国联证券股份有限公司成为中融基金主要股东，核准无锡市国联发展（集团）有限公司成为民生证券主要股东和中融基金实际控制人，推动问题股东出清。

有序压降高比例股权质押风险。 全面摸排证券基金公司股权被质押情况，严查股东新增违规质押行为、督促股东制订压降股权质押比例方案并跟进落实。依法对2家未按期完成规范整改的基金管理公司及其股东采取监管措施。

稳妥推进高风险机构风险处置。 落实"稳定大局、统筹协调、分类施策、精准拆弹"总体方针，做好"明天系"及"先锋系"收尾工作，持续监测监控高风险证券基金机构，完善相关规则，严肃追责问责。推动先锋基金管理有限公司涉先锋系股权于2023年12月完成司法拍卖。推动14家基金销售机构注销基金销售业务资格，完成10家基金专户子公司注销。依法撤销北部资产经营股份有限公司和福建天信投资咨询顾问股份有限公司的证券投资咨询业务服务许可。

私募基金风险化解处置。 依托部际联动、央地协作工作机制，持续推进私募基金风险化解处置工作；同时，不断加强私募基金管理人登记和企业工商登记衔接，防控增量风险。

全力维护市场稳定

完善减持制度。 及时封堵"离婚式"减持规则漏洞，将减持与上市公司股价表现和分红情况挂钩，限制破净破发分红不达标上市公司控股股东、实际控制人减持，创新运用责令回购违规减持股份并上缴价差的监管措施，引导控股股东、实际控制人、董监高等关键少数专注企业主业经营和质量提升，促进市场生态重塑，坚决维护市场秩序。**健全常态化分红机制。** 修订发布上市公司现金分红指引等规则，进一步加强对上市公司行为的引导，努力提升分红的均衡性、稳定性和及时性，便利企业中期分红。指导相关方编制发布2023年中期分红榜单。2023年以来，上市公司现金分红2.2万亿元，创历史新高。**支持上市公司及相关主体回购增持。** 修订股份回购规则，放宽回购条件，增加申报时段，取消禁止回购窗口期，提高回购便利度。**加大增量资金供给。** 加快权益类公募基金注册节奏，推动公募基金费率改革落地，鼓励、支持基金公司自购旗下产品，发挥示范效应。**加大逆周期调节力度。** 统筹一、二级市场平衡，2023年8月下旬收紧IPO，合理把握新股发行及再融资节奏，引导上市公司合理确定再融资规模。根据市场情况适时降低融资保证金比例，提高融券保证金比例，进一步加强转融券和融券业务监管，全面暂停限售股出借，遏制打击违法不当套利行为，发挥制度的积极作用。

主动管理预期，创造良好舆论环境

加强舆论引导，回应社会关切。证监会主要负责同志接受新华社专访、在陆家嘴论坛和金融街论坛发表演讲，解读监管政策。围绕全面实行股票发行注册制、境外上市备案管理、独立董事制度改革、公募基金费率改革、私募基金监管、高质量建设北交所、企业债券发行审核职能划转等重大改革，加强宣传解读，保障改革平稳落地。对市场各方关注的泽达易盛和紫晶存储欺诈发行案、IPO政策、融券制度、上市公司违规减持等热点问题及时回应，解疑释惑，稳定预期。

推动资本市场法治建设和提高证券违法成本

推动资本市场法治建设，完善资本市场基础制度

资本市场法律体系"四梁八柱"基本齐备。目前，形成以《中华人民共和国公司法》（以下简称《公司法》）、《中华人民共和国证券法》（以下简称《证券法》）、《中华人民共和国证券投资基金法》（以下简称《证券投资基金法》）、《中华人民共和国期货和衍生品法》（以下简称《期货和衍生品法》）为核心，以《中华人民共和国刑法》《中华人民共和国民法》《中华人民共和国行政许可法》《中华人民共和国行政处罚法》等为支撑，以700余部行政法规、司法解释以及证监会规章和规范性文件为主干，以众多的交易所业务规则、行业自律规则为配套的具有中国特色的资本市场法律体系，总体上实现了各类市场行为和监管活动有法可依、有章可循，确保重大改革于法有据，实现立法决策与改革决策相统一。

进一步优化资本市场基础制度，不断完善资本市场重要制度规则。推动立法机关审议通过《公司法》《刑法修正案（十二）》。《公司法》修改，对于全面加强资本市场监管、提高上市公司质量、加强投资者保护等具有重要意义。积极推动出台《私募投资基金监督管理条例》，进一步完善私募基金法规体系，促进私募基金行业健康发展。推动发布《国务院办公厅关于上市公司独立董事制度改革的意见》，并配套发布《上市公司独立董事管理办法》。推动制定《金融稳定法》《上市公司监督管理条例》，推动修改《企业破产法》。制定发布《证券经纪业务管理办法》，切实保护投资者合法权益。制定发布《公募基金行业费率改革工作方案》《关于进一步优化公募基金管理人证券交易模式有关事项的通知》《重要货币市场基金监管暂行规定》等，助力公募基金高质量发展。修订发布《证券期货经营机构私募资产管理业务管理办法》及其配套规范性文件，进一步规范证券期货经营机构私募资产管理业务。修订发布《证券发行上市保荐业务管理办法》，根据全面实行注册制要求进行适应性调整，丰富监管措施类型。研究修订《证券公司监督管理条例》《证券公司风险控制指标计算标准规定》并向社会公开征求意见，进一步加强和完善证券公司监管与风险控制。

发布全面实行股票发行注册制相关制度规则。2023年2月17日，发布全面实行股票发行注册制相关13部规章、37部规范性文件，证券交易所、全国股转公司、中国结算等配套制度规则同步发布实施，标志着注册制的制度安排基本定型，标志着注册制推广到全市场和各类公开发行股票行为。2023年8月10日，对37件与全面实行注册制不相适应的制度规则进行打包修改或者废止。

完善行政处罚基础制度。强化规则体系建设顶层谋划，推动审理规范化建设"长久立"，取得显著成效，通过"建制度"为全系统执法工作提供更多基础设施，不断扎牢执法制度"篱笆"。

加强资本市场"零容忍"制度建设，推动完善证券执法司法体制机制

持续推动《关于依法从严打击证券违法活动的意见》贯彻落实工作，健全完善从严打击证券违法犯罪体制机制，强化行政、民事、刑事的立体化全方位追责，对财务造假、操纵市场等重大违法犯罪行为，坚决重拳出击，让违法者"倾家荡产、牢底坐穿"。强化与司法机关的沟通协调，优化资本市场执法司法协作机制，协同最高人民法院整体推进完善资本市场重要司法制度相关工作，推动最高人民法院起草内幕交易和操纵市场民事赔偿司法解释。加强法院系统与证监会系统的交流与协作，与最高人民法院联合开展资本市场法治培训。

加强资本市场诚信建设，夯实诚信基础设施

进一步完善诚信建设制度机制，持续推进诚信信息共享，做好证监会诚信信息采集应用和失信惩戒实施等工作。加强资本市场诚信数据库建设，强化诚信建设信息系统保障。截至2023年底，诚信数据库共收录主体信息111.7万余条，包括市场机构7.9万余家和人员103.7万余人；证券期货系统诚信信息14.3万余条，包括行政许可信息3.4万条，违法违规信息3.7万条，自律管理信息1万条，承诺及其履行情况信息4.1万条，违约失信信息394条，正面诚信信息1.24万条。另通过部际共享有外部委诚信信息2 553.5万余条。持续做好证券期货市场诚信信息公示查询工作。截至2023年底，诚信报告查询应用总量62.4万次，其中2023年度7.1万次；证监会官网诚信信息查询平台已公示2.7万条失信信息，总查询量达21 655万余次，其中2023年度查询量1 681万次，日均4.6万余次。2023年度累计公示12批共计800个严重违法失信主体，涉及机构120家、个人680人、处罚处理决定文书370份。

贯彻落实中共中央办公厅、国务院办公厅《关于推进社会信用体系建设高质量发展促进形成新发展格局的意见》，深入推进资本市场信用体系建设，持续提升资本市场与其他行业、领域信用信息的互联互通水平。持续优化外部政务信用信息查询分析平台运营，推动证监会系统在行政许可备案、日常监管检查、稽查处罚、分类评价、创新试点评估、评优评先、市场采购等各类监管活动中积极查询和应用各行业严重违法失信主体名单，全年应用有关严重违法失信信息422条，守法荣誉信息2 286条，把好市场"准入"关，提升市场诚信生态，提升信用联合惩戒效能。创新开展资本市场活跃主体严重失信预警，发现并预警严重违法失信信息244条，发挥了及时识别风险、防范风险扩散的作用。2023年全年向全国公共信用信息平台推送资本市场违法失信信息50 262条，包括对涉及股票发行注册制领域的行政监管措施2 146条，重点对欺诈发行、违规披露、证券服务未勤勉尽责等有关主体强化失信惩戒与信用监管协同。

资本市场改革发展情况

推动股票发行注册制走深走实

多层次股权市场

交易所债券市场

期货与衍生品市场

基金市场

资本市场经营机构

推动股票发行注册制走深走实

一是全面实行股票发行注册制。根据党中央、国务院批准的《全面实行股票发行注册制总体实施方案》，2023年2月1日，证监会就全面实行股票发行注册制涉及的《首次公开发行股票注册管理办法》等主要制度规则草案向社会公开征求意见，沪深北交易所同步征求意见。内容涵盖发行条件、注册程序、保荐承销、重大资产重组、监管执法、投资者保护等各个方面。2月17日全面注册制主要制度规则发布实施。4月10日，沪深交易所主板注册制首批企业上市，标志着股票发行注册制改革全面落地。

专栏　推动全面实行股票发行注册制

中国证监会指导沪深交易所修订交易规则，完善主板交易制度，推动提升市场定价效率，包括新股上市前5个交易日不设涨跌幅限制、优化盘中临时停牌制度等。指导配套修订《中国证券登记结算有限责任公司证券登记规则》《存托凭证登记结算业务规则（试行）》《证券非交易过户业务实施细则（适用于继承、捐赠等情形）》《优先股试点登记结算业务实施细则》，同时将科创板、创业板及全国股转公司登记结算相关规定整合至一般业务规则。

二是深入推动发行监管转型。进一步细化发行监管全链条职责要求，全面落实发行监管新职能，强化全条线力量统筹。持续统一审核理念和标准，细化执行要求，提升监管效能。

三是起草完善辅导监管、现场检查制度。辅导监管进一步明确派出机构监管职责边界，现场检查明确对撤回企业"一查到底"。

四是在维护二级市场平稳运行基础上，科学合理保持新股发行常态化。2023年，沪深市场共236家企业首发上市，融资额3 418.06亿元；沪深两所首发融资额分别为1 936.49亿元、1 481.58亿元。同时，企业再融资额达到6 483.98亿元。

五是深化并购重组市场化改革。按照全面实行股票发行注册制统一部署，修订出台《上市公司重大资产重组管理办法》及配套规范性文件，并购重组全面实行注册制。发股类重组财务资料有效期由"6+1"延长至"6+3"，有效降低重组成本。出台定向可转债重组规则，丰富重组支付工具。2023年，沪深上市公司共披露并购重组交易2 694单，交易金额1.51万亿元，其中经证监会核准或注册27单，交易金额1 667.38亿元。

六是持续紧盯"空壳僵尸"和"害群之马"，全力维护退市制度的严肃性和公平性。2023年，共47家公司退市，其中强制退市44家，改革3年来退市公司总量达到126家，强制退市公司家数超过改革前数量总和。44家强制退市公司中，有重大违法退市3家、面值退市20家，有8家因重大违法进入退市程序，充分反映了市场优胜劣汰的自我调节机制已经基本形成。

七是推进上市公司独立董事制度改革。2023年4月14日，国务院办公厅公开发布《关于上市公司独立董事制度改革的意见》（以下简称《意见》）。9月4日，证监会发布《上市公司独立董事管理办法》，按照《意见》相关要求，细化独立董事制度各环节具体要求，构建科学合理、互相衔接的规则体系，充分发挥法治的引领、规范、保障作用。

多层次股权市场

多层次资本市场体系持续健全,主板、科创板、创业板、北交所和新三板错位发展,服务企业全生命周期的能力和对实体经济的适配性不断增强。

沪深交易所股票市场基本情况

股票市场规模。截至2023年底,沪深两市上市公司5 107家(见图4-1),全年新增190家。其中,主板3 208家,创业板1 333家,科创板566家。沪深两市总市值77.31万亿元、流通市值67.43万亿元,同比分别减少1.89%和增加1.64%;流通市值占总市值的87.22%,同比上升3.03个百分点。沪深两市总市值占2023年国内生产总值(GDP)的61.33%(见图4-2)。

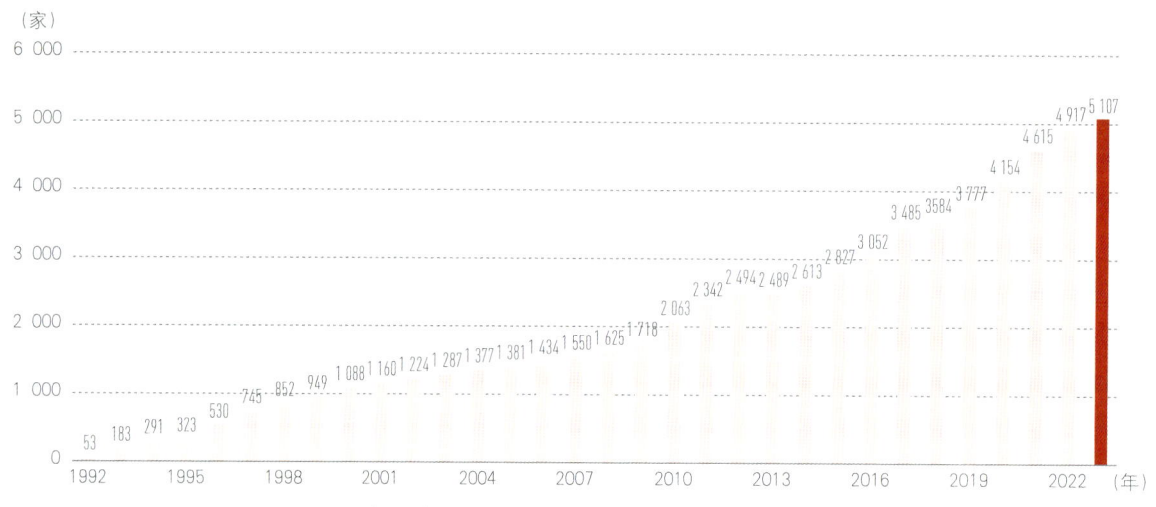

图4-1　中国境内上市公司数量年度变化(1992—2023年)

资料来源:中国证监会。

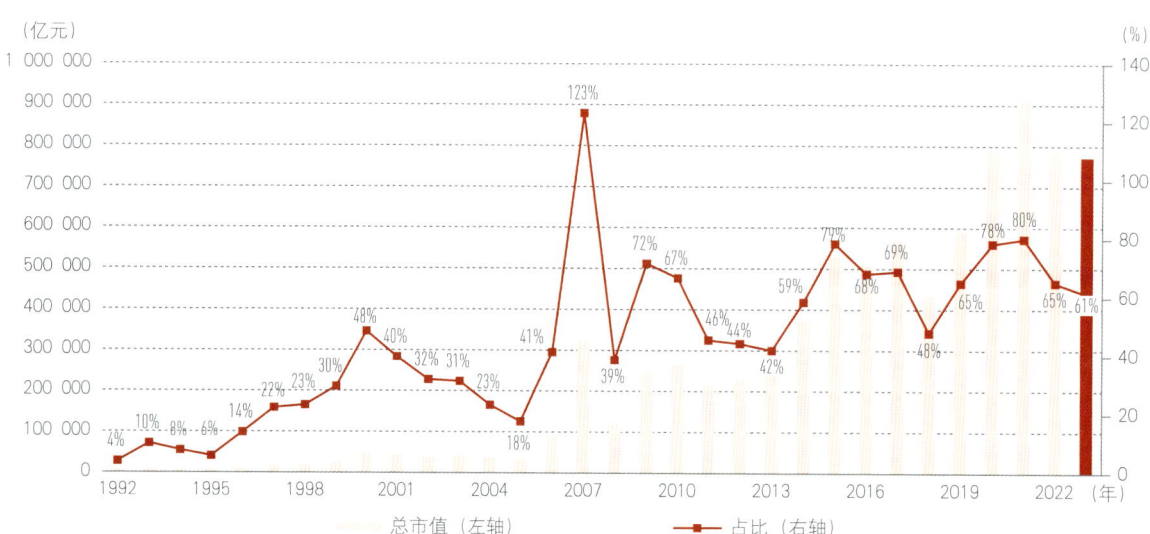

图4-2　沪深两市股票总市值与GDP比值变化(1992—2023年)

资料来源:中国证监会。

股票发行概况。 2023年，沪深两市发行A股①股票236只，合计融资9 902.04亿元（见图4-3），同比下降30.15%，其中首发融资3 418.06亿元，定向增发（现金认购）融资4 925.17亿元，定向增发（资产认购）融资1 308.31亿元，配股融资150.49亿元，优先股融资100.00亿元。再融资金额同比下降23.46%。

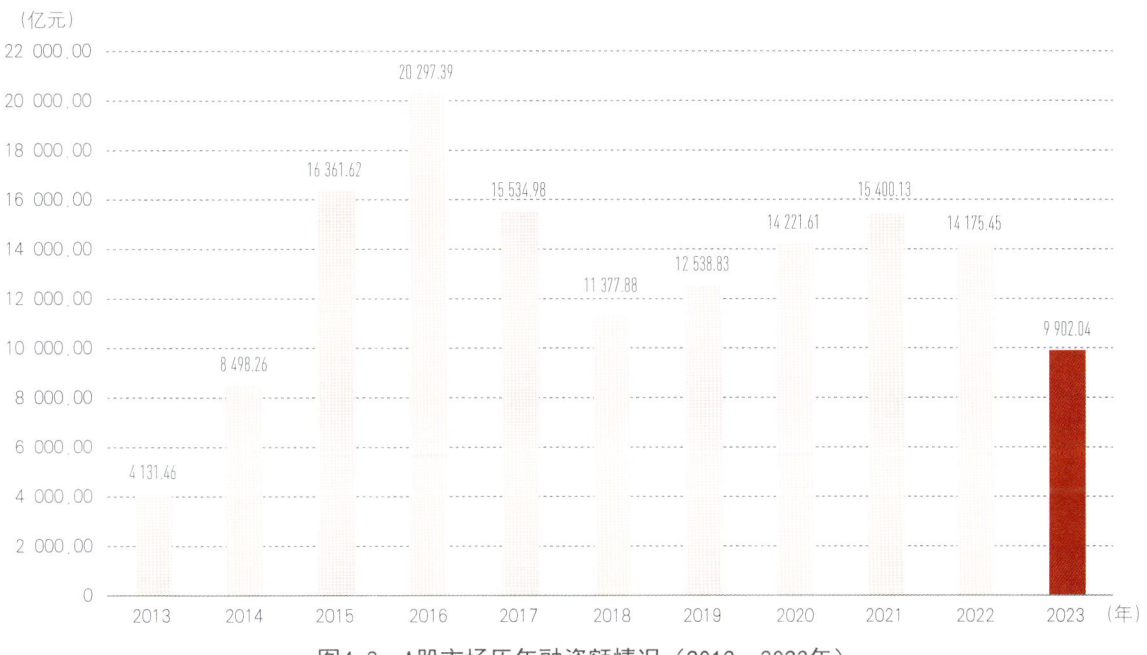

图4-3　A股市场历年融资额情况（2013—2023年）

资料来源：中国证监会。

注：此处A股融资额指通过IPO、增发（公开增发、定向增发现金及资产认购）、配股、权证行权、优先股等方式筹集的资金，按股份上市日统计。

股票交易概况。 2023年，上证综指下跌3.70%（见图4-4），深证综指下跌6.97%（见图4-5）。全年上证综指振幅17.38%。沪深两市日均成交金额8 769.05亿元，较上年减少508.20亿元，降幅为5.48%；沪市股票日均换手率较上年减少0.13个百分点，深市股票日均换手率较上年减少0.09个百分点。

---

① A股又称人民币普通股票，由中国境内公司发行，供境内机构、组织和个人（从2013年4月1日起，境内港、澳、台居民可开立A股账户）以人民币认购和交易的普通股股票。

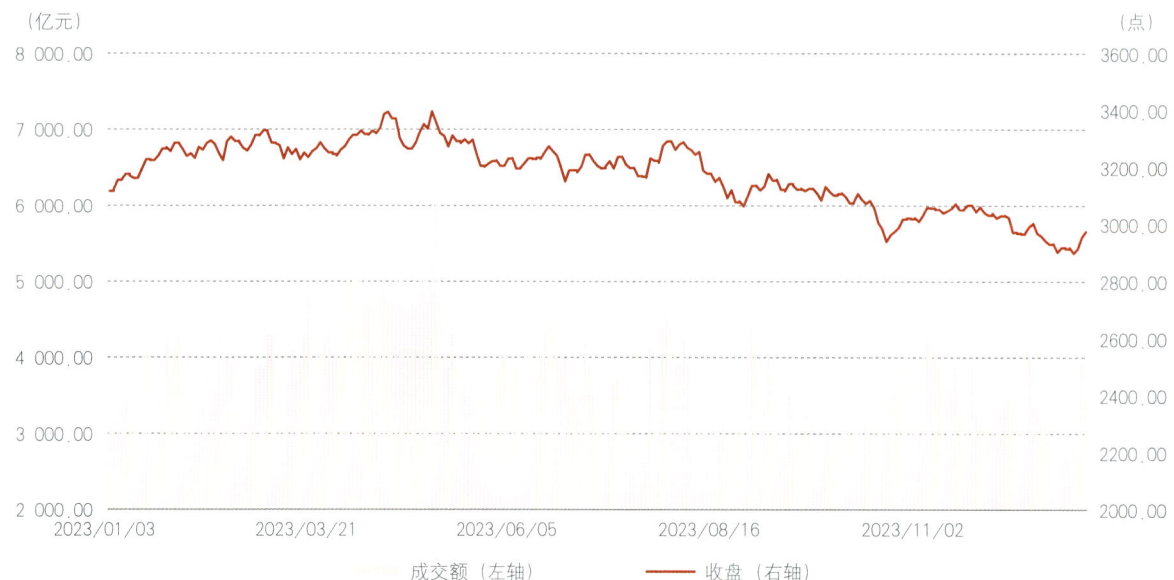

图4-4 2023年上证综指走势

资料来源：中国证监会中央监管信息平台。

图4-5 2023年深证综指走势

资料来源：中国证监会中央监管信息平台。

北京证券交易所、全国股转系统发展情况

北京证券交易所市场基本情况

市场规模。 截至2023年12月31日,北京证券交易所共有上市公司239家,总市值4 496.41亿元,市盈率为24.20倍。

发行情况。 2023年北交所累计发行普通股78次,融资金额合计154.32亿元,发行次数、金额分别同比下降9.30%、7.59%。其中,77家公司公开发行股票并上市,募集资金合计146.28亿元;1家上市公司完成再融资,募集资金8.04亿元。

交易情况。 2023年北交所市场累计成交7 272.23亿元,日均成交30.05亿元,同比上升267.26%,年换手率419.20%(见表4-1)。截至2023年底,北证50指数报收1082.68点。

政府债券发行情况。 2023年北交所成功发行国债60只、地方政府债96只,累计发行金额39 187.27亿元。

合格投资者情况。 截至2023年底,北交所合格投资者675.34万户,其中机构投资者13.20万户、个人投资者662.14万户。

表4-1　　　　　　　　　　　　　2023年北交所市场规模情况

项目	2023年	2022年
市场规模		
上市公司数量(家)	239	162
总股本(亿股)	318.04	213.54
总市值(亿元)	4 496.41	2 110.29
股票发行[①]		
发行次数	78	86
发行股数(亿股)	16.59	18.01
融资金额(亿元)	154.32	166.99
股票交易		
成交金额(亿元)	7 272.23	1 980.13
成交数量(亿股)	615.42	158.53
换手率(%)	419.20	172.95
市盈率(倍)	24.20	18.87

---

① 包含上市公司再融资。2023年,1家上市公司完成再融资,发行0.46亿股,融资8.04亿元。

北交所上市公司行业分布情况见表4-2。

表4-2　　　　　　　　　　　　　　2023年北交所上市公司行业分布情况

门类行业	2023年底		2022年底	
	数量（家）	占比（%）	数量（家）	占比（%）
制造业	197	82.43	130	80.25
信息传输、软件和信息技术服务业	24	10.04	17	10.49
科学研究和技术服务业	7	2.93	6	3.7
水利、环境和公共设施管理业	3	1.26	3	1.85
交通运输、仓储和邮政业	2	0.83	2	1.23
农、林、牧、渔业	2	0.83	1	0.62
电力、热力、燃气及水生产和供应业	1	0.42	1	0.62
批发和零售业	1	0.42	1	0.62
租赁和商务服务业	1	0.42	1	0.62
建筑业	1	0.42	—	—
合计	239	100.00	162	100

全国股转系统市场基本情况

市场规模。 截至2023年12月31日，全国股转系统共有挂牌公司6 241家，其中创新层1 883家，基础层4 358家，挂牌公司总市值约2.20万亿元，市盈率为17.63倍（见表4-3）。

表4-3　　　　　　　　　　　　　　全国股转系统市场规模变化情况[①]

项目	2023年	2022年	2021年	2020年
挂牌规模				
挂牌公司家数	6 241	6 580	6 932	8 187
总股本（亿股）	4 454.61	4 508.63	4 596.60	5 335.28
总市值（亿元）[②]	21 970.75	21 181.44	22 845.40	26 542.31
股票发行[③]				
发行次数（次）	573	696	589	716

①　2020年、2021年股票发行和交易均包含精选层数据。
②　2020年（含）起，总市值统计口径参照《证券期货业统计指标标准指引（2019年修订）》。
③　本年共有97家挂牌公司进行97次自办发行，累计发行2.22亿股、8.60亿元。

续表

项目	2023年	2022年	2021年	2020年
发行股数（亿股）	48.58	67.37	52.73	74.54
融资金额（亿元）	180.19	231.66	259.89	338.50
优先股发行				
发行次数（次）	—	3	9	2
融资金额（亿元）	—	0.60	2.08	0.24
股票交易				
成交金额（亿元）	612.74	798.58	2 148.16	1 294.64
成交数量（亿股）	174.27	188.87	309.08	260.42
换手率（%）	6.48	7.41	17.66	9.90
市盈率（倍）	17.63	17.20	20.48	21.10

发行情况。2023年，547家全国股转系统挂牌公司完成股票定向发行573次，募集资金合计180.19亿元，发行次数、金额分别同比下降17.67%、22.22%。131家挂牌公司披露并购重组共132单，交易金额合计63.12亿元，同比下降11.54%。其中，119家挂牌公司披露收购报告书，交易金额合计33.91亿元，13家披露重大资产重组报告书，交易金额合计29.21亿元。

交易情况。2023年全国股转系统市场累计成交612.74亿元，换手率6.48%，日均成交2.53亿元，同比下降23.27%，其中创新层、基础层分别日均成交1.99亿元、0.54亿元。截至2023年底，三板成指、三板做市指数分别报收912.41点、1197.72点。

合格投资者情况。截至2023年底，全国股转系统合格投资者207.85万户，其中，机构投资者8.45万户、个人投资者199.40万户。

全国股转系统挂牌公司行业分布情况见表4-4。

表4-4　　　　　　　　　　　挂牌公司行业分布情况

管理型门类行业	2023年底		2022年底	
	数量（家）	占比（%）	数量（家）	占比（%）
制造业	3 206	51.37	3 268	49.67
信息传输、软件和信息技术服务业	1 155	18.51	1 275	19.38
租赁和商务服务业	328	5.25	341	5.18
科学研究和技术服务业	299	4.79	323	4.91
批发和零售业	259	4.15	267	4.06

续表

管理型门类行业	2023年底		2022年底	
	数量（家）	占比（%）	数量（家）	占比（%）
建筑业	203	3.25	221	3.36
交通运输、仓储和邮政业	118	1.89	128	1.94
水利、环境和公共设施管理业	111	1.78	142	2.16
文化、体育和娱乐业	111	1.78	133	2.02
农、林、牧、渔业	111	1.78	129	1.96
金融业	82	1.31	81	1.23
电力、热力、燃气及水生产和供应业	80	1.28	80	1.22
教育	54	0.87	57	0.87
房地产业	42	0.67	45	0.68
卫生和社会工作	26	0.42	31	0.47
采矿业	23	0.37	24	0.36
住宿和餐饮业	21	0.34	22	0.33
居民服务、修理和其他服务业	12	0.19	13	0.20
合计	6 241	100.00	6 580	100.00

持续推进北交所和新三板市场改革

制订发布北交所改革方案。 坚持系统观念和问题导向，落实党的二十大关于健全资本市场功能、提高直接融资比重的工作部署，以稳步提升北交所流动性、增强市场吸引力为突破口，统筹考虑市场准入、估值定价、交易制度、生态建设等各方面，研究形成一揽子政策举措。制定《关于高质量建设北京证券交易所的意见》（市场称为"北交所深改19条"）并于2023年9月1日正式发布，为北交所稳定发展和改革创新夯实基础。

推动各项改革举措落实落地。 加强统筹协调，推动科创板投资者简易开通北交所权限、优化"挂牌12个月"计算口径、优化做市商机制、扩大融资融券标的范围等改革举措稳步落实。制定发布《全国中小企业股份转让系统股票公开转让并挂牌审核指引——区域性股权市场创新型企业申报与审核（试行）》，建立新三板与区域性股权市场制度型对接机制。

区域性股权市场规范发展

区域性股权市场突出私募股权市场定位和服务中小微企业的核心功能，加强央地协作，持续提高对中小微企业的服务赋能和规范培育能力，逐步完善市场基础设施建设，不断健全制度体系、优化市场生态体系。截至2023年底，区域性股权市场共服务企业18.08万家。其中，累计转沪深北交易所上市128家，转新三板挂牌950家，被上市公司和新三板挂牌公司收购61家；累计实现各类融资2.42万亿元，其中股权融资7 700亿元，债券融资4 739亿元，股权质押融资8 295亿元。

一是组织开展制度和业务创新综合试点以及私募基金份额转让、认股权综合服务等单项试点。二是联合工业和信息化部高质量建设"专精特新"专板，公示地方备案的17家市场专板建设方案名单"。三是推进与全国性资本市场的合作对接。2023年8月，全国股转公司发布审核指引，为区域性股权市场服务企业到新三板挂牌提供公示审核、绿色通道两种便利机制，十多家区域性股权市场服务企业使用上述机制进入新三板，三板、四板制度性对接已落地。四是初步建成基于区块链的市场设施和赋能平台，逐步完善企业数字档案，促进早期企业的私募投融资对接。此外，数件规范性文件已进入立法程序。

交易所债券市场

持续发展交易所债券市场

融资情况。 2023年，交易所债券市场累计发行各类债券［含公司（企业）债券、资产支持证券、国债、地方政府债券和政策性银行债券］13.45万亿元，净融资9.19万亿元。其中，非金融企业本年累计发行4.23万亿元、净融资1.98万亿元。

存量情况。 截至2023年12月底，交易所债券市场托管面值27.45万亿元［含在交易所市场发行的公司（企业）债券、资产支持证券、国债、地方政府债、政策性银行债等］。其中，非金融企业发行的债券托管面值15.71万亿元，市场占比56.33%。

稳步推进债券品种创新

2023年，交易所债券市场稳步推进债券品种创新，更好发挥市场功能，支持国家战略和服务实体经济。**一是**积极推动科技创新公司债券高质量发展，2023年交易所市场累计发行科创债349只，发行规模3 738.70亿元。**二是**持续支持民营企业债券融资，引导市场增强对民企债券的投资信心，2023年发行信用保护合约及凭证244单，支持实现债券融资2 980.27亿元。**三是**继续大力支持绿色债券发展，2023年交易所市场发行绿色债（含ABS）164只，发行规模1 679.60亿元。**四是**支持符合环保要求的煤炭、石化、电力等行业企业合理融资，2023年交易所债券市场共发行低碳转型公司债券（含ABS）138亿元。

稳步发展资产支持证券

坚决贯彻落实党中央、国务院关于支持实体经济发展的决策部署，进一步丰富基础资产类型，依托优质资产信用，更好服务国家战略和产业政策。2023年，交易所市场资产证券化（ABS）发行规模1.20万亿元，占全市场资产支持证券发行规模的64.17%。其中，知识产权、绿色（碳中和）、乡村振兴ABS等创新产品发行规模合计1 430亿元，资产支持证券服务实体经济功能进一步提升。

稳步推进基础设施领域REITs市场高质量发展

2023年，基础设施REITs常态化发行持续推进，试点范围稳步拓展，市场运行总体保持稳定。2023年3月，印发《关于进一步推进基础设施领域不动产投资信托基金（REITs）常态化发行相关工作的通知》（证监发〔2023〕17号），从加快推进市场体系建设、完善审核注册机制、构建全链条监管机制、推动完善配套政策等4个方面提出12条措施，进一步完善REITs常态化发行基础制度和监管安排，拓宽REITs试点范围至消费基础设施领域。2023年10月，沪深交易所发布《公开募集基础设施证券投资基金（REITs）规则适用指引5号——临时报告》，以"管资产"为核心，加强重大事项披露要求，着力构建符合REITs特点及规律的信息披露体系，提高信息披露质量。

2023年批准注册11只首发和4只扩募REITs产品，有5只首发REITs和4只扩募REITs上市，合计募集资金222亿元，试点范围拓展到新能源等领域，推动首批扩募项目平稳落地。截至2023年底，中国证监会已批准注册36只首发和4只扩募REITs产品，其中已首发上市29只、扩募上市4只，合计募集资金1 005亿元，市场规模效应、示范效应进一步显现。

持续完善交易所债券市场制度

一是为深入贯彻党的二十大和中央经济工作会议精神，落实党中央、国务院关于机构改革的决策部署，深化债券注册制改革，健全资本市场功能，助力提高直接融资比重，推动债券市场更好服务实体经济高质量发展，研究制定《关于深化公司债券发行注册制改革的指导意见》《关于注册制下提高中介机构债券业务执业质量的指导意见》并于2023年6月20日发布。

二是落实国家机构改革方案部署，实现企业债券职责划转和转常规工作高效平稳落地。坚持依法治市、制度先行，对相关制度规则进行系统性修订，一揽子发布实施《公司债券发行与交易管理办法》等制度规则，沪深北证券交易所，证券业协会，中国结算修订发布公司债券上市规则、挂牌规则、投资者适当性管理办法、登记托管结算等业务规则，将企业债券纳入公司债券监管制度规则框架，基本形成统一的公司（企业）债券制度规则体系。

2023年6月9日，中国证监会指导深交所和全国股转公司发布《关于可转换公司债券退市整理期间交易安排的通知》《退市公司可转换公司债券管理规定》，明确退市可转债交易制度安排。2023年共有2单可转债顺利退市，市场反应平稳。

期货与衍生品市场

市场发展情况。 截至2023年底，期货市场品种（见表4-5）总数达到131个，包括71个商品期货、40个商品期权、8个金融期货和12个金融期权（含上交所、深交所9个ETF期权产品）。

表4-5　　　　　　　　　　　　　　各交易所交易品种

交易所	交易品种
上海期货交易所	铜、铝、锌、铅、锡、镍、黄金、白银、螺纹钢、线材、热轧卷板、燃料油、石油沥青、天然橡胶、原油、纸浆、不锈钢、20号胶、低硫燃料油、国际铜、氧化铝、丁二烯橡胶、集运指数（欧线）期货、铜期权、黄金期权、天然橡胶期权、锌期权、铝期权、原油期权、白银期权、螺纹钢期权、丁二烯橡胶期权
郑州商品交易所	优质强筋小麦、普通小麦、棉花、白糖、早籼稻、粳稻、晚籼稻、菜籽油、油菜籽、菜籽粕、鲜苹果、精对苯二甲酸（PTA）、甲醇、玻璃、动力煤、硅铁、锰硅、棉纱、尿素、纯碱、红枣、短纤、花生、烧碱、对二甲苯期货，白糖期权、棉花期权、甲醇期权、PTA期权、菜籽粕期权、动力煤期权、菜籽油期权、花生期权、烧碱期权、对二甲苯期权、短纤期权、纯碱期权、锰硅期权、硅铁期权、尿素期权、苹果期权
大连商品交易所	玉米、玉米淀粉、黄大豆1号、黄大豆2号、豆粕、豆油、棕榈油、鸡蛋、胶合板、纤维板、线型低密度聚乙烯（LLDPE）、聚氯乙烯（PVC）、聚丙烯（PP）、焦炭、焦煤、铁矿石、乙二醇、苯乙烯、粳米、液化石油气、生猪期货、豆粕期权、玉米期权、铁矿石期权、液化石油气期权、聚丙烯期权、线型低密度聚乙烯期权、聚氯乙烯期权、棕榈油期权、黄大豆1号期权、黄大豆2号期权、豆油期权、乙二醇期权、苯乙烯期权
中国金融期货交易所	沪深300股指期货、上证50股指期货、中证500股指期货、中证1000股指期货、5年期国债期货、10年期国债期货、2年期国债期货、30年期国债期货、沪深300股指期权、上证50股指期权、中证1000股指期权
广州期货交易所	工业硅、碳酸锂期货，工业硅期权、碳酸锂期权
上海证券交易所	上证50ETF期权、沪深300ETF期权、中证500ETF期权、科创50ETF期权（2只）
深圳证券交易所	沪深300ETF期权、中证500ETF期权、创业板ETF期权、深证100ETF期权

资料来源：中国期货市场监控中心。

交易情况。 截至2023年底，期货市场总资金15 062.01亿元，同比下降3.56%，有效客户数220.62万个，同比增加7.68%，日均交易客户数达到75.44万个。①以单边计，期货市场合计成交85.01亿手，同比增加25.60%，成交金额568.51万亿元，同比增加6.28%（见图4-6）。其中，商品期货市场成交83.33亿手，同比增加25.94%，成交金额435.34万亿元，同比增加8.32%；金融期货市场成交1.68亿手，同比增加10.85%，成交金额133.17万亿元，同比增加0.10%。金融期货市场成交量和成交额分别占全市场的1.98%和23.42%。②

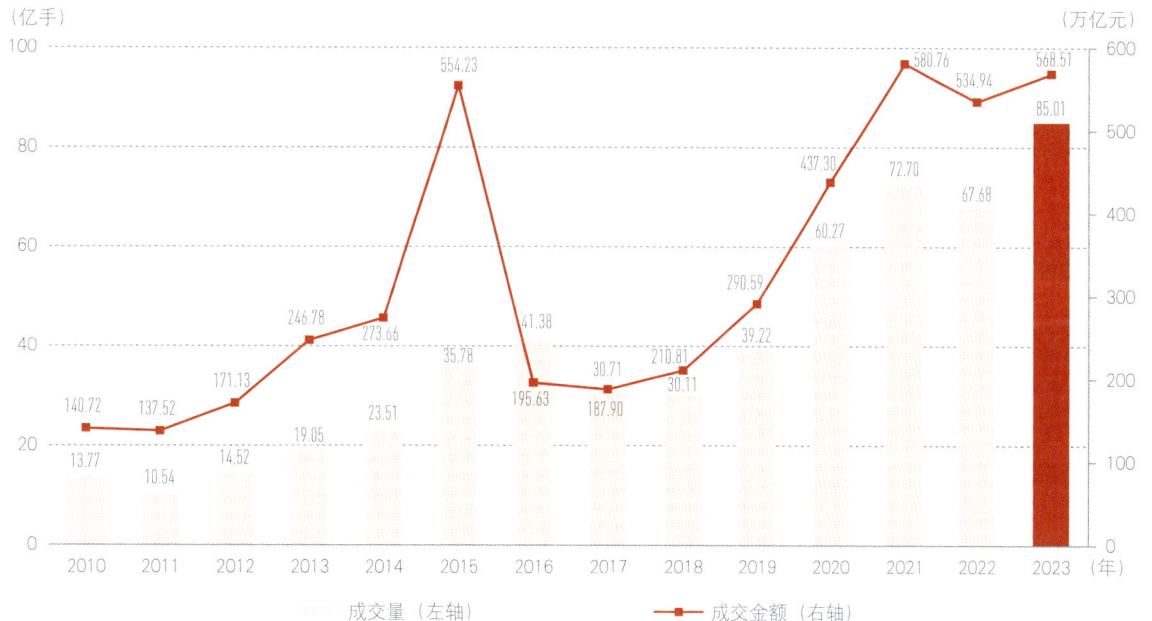

图4-6　期货市场成交量及成交金额走势（2010—2023年）

资料来源：中国期货业协会。

2023年，以单边计，期权市场合计成交11.23亿手（张），同比增加163.59%，成交金额9 403.00亿元，同比增加47.56%（见表4-6）。其中，商品期权市场成交10.66亿手（张），同比增加175.18%，成交金额6 679.19亿元，同比增加79.16%；金融期权市场成交5 677.13万手（张），成交金额2 723.81亿元。③

---

① 资料来源：中国期货市场监控中心。
② 资料来源：中国期货业协会。商品期货市场及金融期货市场数据包括期货及期权，不含沪深交易所期权产品。
③ 资料来源：中国期货业协会。

表4-6　　　　　　　　　　　期货和期权的成交量、成交额及同比变化

类型	期货				期权			
	成交量[亿手（张）]	成交量同比变动	成交金额（万亿元）	成交金额同比变动	成交量[亿手（张）]	成交量同比变动	成交金额（亿元）	成交金额同比变动
商品类	72.63	16.60%	434.67	8.25%	10.66	175.18%	6 679.19	79.16%
金融类	1.16	2.13%	132.9	0.10%	0.57	47.20%	2 723.81	3.01%
合计	73.79	16.34%	567.57	6.23%	11.23	163.59%	9 403.00	47.56%

交易者情况。 期货市场方面，2023年，以单边计，法人客户与个人客户成交量分别为34.11亿手和39.69亿手，同比分别增加24.37%与10.23%。法人客户和个人客户成交金额分别为297.21万亿元和270.47万亿元，同比分别增加13.38%和减少0.65%。法人客户成交金额占比52.36%，较2022年增加3.3个百分点。期权市场方面，2023年，以单边计，法人客户与个人客户成交量分别为8.66亿手（张）和2.57亿手（张），同比分别增加178.30%和123.78%。法人客户和个人客户成交金额分别为7 447.98亿元和1 955.01亿元，同比分别增加55.20%和24.27%。法人客户成交金额占比79.21%，较2022年增加3.9个百分点。

期货市场品种供给持续增加。 2023年全年共上市30年期国债期货、乙二醇期权、苯乙烯期权、氧化铝期货、碳酸锂期货、碳酸锂期权、丁二烯橡胶期货及期权、集运指数（欧线）期货、烧碱期货及期权、对二甲苯期货及期权、短纤期权、纯碱期权、锰硅期权、硅铁期权、尿素期权、苹果期权以及沪深交易所推出的科创50ETF期权等21个新品种。

市场规则体系不断完善。 做好《中华人民共和国期货和衍生品法》配套制度完善工作。修订《期货交易所管理办法》，优化对交易所的管理制度，压实期货交易所风险管理责任。制定《期货市场持仓管理暂行规定》，增强持仓管理的系统性和针对性，提升期货市场监管效能。研究修订《期货公司监督管理办法》和《期货从业人员管理办法》，完善行业机构和从业人员监管制度。全年期货交易所修改业务规则共66项。

成功上市2只科创50ETF期权。 2023年6月5日，中国证监会组织上市2只上交所科创50ETF期权，填补科创板场内衍生品空白，进一步满足投资者对科创板股票的风险管理需求，完善金融支持创新体系。境内ETF期权品种数量增加至9只，形成了覆盖上证50、沪深300、中证500、创业板指、深证100、科创50等主要指数的ETF期权产品体系，ETF期权对沪深A股市值的覆盖度近7成，服务现货市场的经济功能稳步发挥。2023年，以单边计，沪深证券交易所ETF期权总成交12.79亿张，总权利金成交额5 871.75亿元。2023年，以双边计，沪深证券交易所法人客户和个人客户成交量分别为17.63亿张和7.94亿张，法人客户和个人客户权利金成交额分别为8 228.02亿元和3 515.47亿元。

基金市场

公募基金

截至2023年底，全国基金管理人管理公募基金规模27.6万亿元、存续产品11 528只（见表4-7）；受托管理社保基金规模1.34万亿元；受托管理基本养老金规模0.97万亿元；受托管理年金基金（含企业年金、职业年金）规模2.53万亿元。

表4-7　　　　　　　　　　2023年底证券投资基金数　　　　　　　　　　（单位：只）

封闭式	开放式					合计
	股票型基金	混合型基金	货币市场基金	债券型基金	QDII	
1 354	2 274	4 942	371	2 306	281	11 528

资料来源：中国证监会。

私募基金

截至2023年底，基金业协会已登记私募基金管理人2.16万家，其中，私募证券投资基金管理人8 469家，私募股权、创业投资基金管理人1.29万家，私募资产配置类基金管理人9家，其他私募投资基金管理人254家。基金业协会已备案私募基金数量15.31万只，管理规模20.58万亿元，同比分别增长5.59%和1.48%。

证券基金经营机构私募资管计划

截至2023年底，证券基金经营机构管理的私募资管计划存续规模为12.59万亿元，其中证券公司私募资管计划规模6.14万亿元，基金公司及其子公司私募资管计划6.45万亿元。

资本市场经营机构

证券经营机构

截至2023年底，全国共有146家证券公司，总资产11.83万亿元，净资产2.95万亿元，净利润合计1 376亿元。

期货经营机构

截至2023年底，全国期货公司共有150家，总资产16 529.41亿元、注册资本1 158.20亿元、净资产1 949.61亿元、净资本1 233.33亿元，其客户权益14 202.52亿元，全行业累计实现营业收入400.05亿元，营业支出273.92亿元，营业利润126.13亿元，净利润94.80亿元。

基金经营机构

公募基金。 截至2023年底，全国共有145家基金管理公司，基金管理公司总资产3 642.89亿元，净资产2 697.16亿元，营业收入1 535.36亿元，净利润392.66亿元，取得公募资格的资产管理机构13家。

私募基金。 截至2023年底，私募基金管理人在从业人员管理平台完成注册的全职员工18.62万人，其中取得基金从业资格的员工16.02万人。私募基金管理人平均管理规模9.53亿元。

证券投资咨询和顾问机构发展情况

截至2023年底，全国共有78家证券投资咨询机构，总资产175.41亿元，营业收入154.92亿元，净利润17.29亿元。

基金投资顾问试点机构

截至2023年底，已备案60家基金投资顾问试点机构，展业57家，服务客户564.47万户，同比增长10.68%，服务客户资产规模1 551.52亿元，同比增长6.95%。

中介服务机构发展情况

有序开展律师事务所从事证券法律业务备案工作。截至2023年底，共有1 055家律师事务所完成首次备案。

截至2023年底，已完成证券服务业务备案的会计师事务所115家，分布在北京、深圳等21个市（省、自治区）；分所1 157家，分布在全国各省（市、自治区）；注册会计师3.61万人，占全国注册会计师人数的35.33%。

截至2023年底，已完成证券服务业务备案的资产评估机构281家，分布在北京、深圳等30个市（省、自治区）；分支机构684家，分布在除青海外的全国各省（市、自治区）；资产评估师9 220人，占全国资产评估师人数的19.87%。

截至2023年底，共有14家评级机构通过从事证券服务业务首次备案，1家为2023年新备案机构。2023年交易所市场备案展业的评级机构总资产55亿元，净资产26亿元，业务收入32亿元，净利润为9亿元。

服务实体经济高质量发展

支持科技自立自强

发展普惠金融

助力绿色低碳转型

服务乡村振兴

支持科技自立自强

一是在发行上市方面，加大对科技企业的支持力度。健全资本市场服务科技创新的支持机制，引导资源向科技创新领域集聚，助推科技企业做优做强，畅通"科技—产业—金融"良性循环。起草资本市场服务高水平科技自立自强行动方案，建立完善突破关键核心技术的科技型企业上市融资、债券发行、并购重组"绿色通道"。发布《监管规则适用指引——发行类第9号：研发人员及研发投入》，进一步规范申报企业研发人员和研发投入信息披露。2023年新上市企业中高新技术企业193家（不含北交所）、占比82%，战略性新兴产业企业220家、占比93%，平均发明专利127个，科技含量显著提升。发挥北交所服务科技创新的积极作用，截至2023年底，北交所上市的战略新兴产业、先进制造业公司近八成，国家级"专精特新"小巨人企业近五成。

二是在并购重组方面，积极服务实体经济，特别是高水平科技自立自强等重大国家战略，适当提高轻资产科技型企业重组估值包容性。截至2023年底，沪深交易所新一代信息技术、新能源、新能源汽车、新材料、生物产业、节能环保、高端装备制造、数字创意等战略新兴行业上市公司共2 637家，总市值30.96万亿元。2023年，上述行业上市公司共披露并购重组交易1 180单，交易金额3 683.48亿元。

> **专栏　壮大先进制造业案例**
>
> 2023年，中航电测披露重组草案，拟发行股份购买成都飞机工业（集团）有限责任公司100%股权，交易金额174.39亿元。交易标的作为担负重要航空装备承制任务的中央国有企业，立足先进航空装备制造主业，承担了大型客机C919、新支线客机ARJ21、大型水陆两栖飞机AG600机头的研制生产。本次重组有利于实现高端军工装备资产证券化，助力上市公司向航空装备整机及部附件研制生产领域延伸，进一步实现提质增效、做大做强的发展目标。

三是在债券发行方面，2023年4月，印发《推动科技创新公司债券高质量发展工作方案》，加快提升科技创新企业服务质效，促进科技、产业和金融良性循环，更好支持高水平科技自立自强。联合国务院国资委定期召开科创债高质量发展推进会，听取市场机构科创债的推进情况、面临问题及意见建议，积极推动符合条件的企业通过科创债获得资金融通。

四是在指数编制方面，编制发布科创类指数。2023年，中国证监会指导沪深交易所编制发布科技创新类指数65条，覆盖先进制造、卫星通信、芯片电子等科技创新行业。市场机构累计成立与上述指数挂钩的指数基金产品12只，规模合计超300亿元。

> **专栏　助力科技创新案例**
>
> 广东股权交易中心（以下简称广东股交）对接广东省中小企业融资平台助力科技企业高质量发展。广东股交通过接入多个政府部门及银行等金融机构，一是上线企业投融资项目对接系统，为金融机构提供可信共享数据，助力企业科创融资；二是上线知识产权融资服务系统，引入评估公司服务进行估值，实现"快评快贷"功能，助力企业知识产权质押融资。截至2023年底，广东股交已累计帮助1.3万家企业实现融资781亿元，为企业科技创新提供一定支持。

发展普惠金融

深入贯彻落实党中央、国务院决策部署，积极推动乡村振兴公司债券产品创新发展，深化债券市场功能发挥，支持脱贫地区发展和乡村全面振兴。2023年，交易所债券市场累计发行乡村振兴公司债券405.73亿元。

积极支持"三农"企业利用多层次资本市场融资。截至2023年底，沪深两所共有农林牧渔类上市公司48家，总市值6 856.56亿元。北交所共有农林牧渔类上市公司2家，总市值36.07亿元。2023年，上述行业上市公司共披露并购重组交易29单，交易金额101.68亿元。截至2023年底，新三板共有农林牧渔类挂牌公司111家，总市值355.69亿元，2023年，上述行业挂牌公司共披露并购重组交易4单，交易金额0.42亿元。

积极推动养老投资产品创新发展。截至2023年底，公募基金行业共成立261只养老目标基金，存续规模718.8亿元，其中182只产品增设个人养老金投资的专门份额。个人养老金开立有效账户数434.27万人，实际投资者62.16万人，个人养老金投资公募基金61.97亿元，更好满足百姓多样化养老保障需求。

积极支持中小企业融资发展，打造服务创新型中小企业"主阵地"。截至2023年底，北交所上市公司中，中小企业共195家，占比超八成。新三板累计服务超1.4万家中小企业，有效拓宽了资本市场服务实体经济的覆盖面；挂牌公司中7 080家中小企业累计融资11 972次，筹资金额约4 113.19亿元（含精选层），共1 616家公司在亏损阶段获得融资，缓解了中小企业融资难局面。

专栏 支持中小微企业融资

山西股权交易中心（以下简称山西股交）运营山西省"信易贷"平台，持续助力发展中小微企业普惠金融。2022年下半年，山西省发展改革委批准山西省"信易贷"平台接入全国中小企业融资综合信用服务平台省级节点，山西股交打通与全国一体化政务服务平台的信用数据共享通道，依托信用数据构建企业画像，打造本省企业全生命周期的融资综合信用服务体系，帮助缓解中小微企业融资难、融资贵等问题。截至2023年底，平台共有注册企业82.30万家，金融机构427家，累计助力中小微企业获得信贷融资13.42亿元。

专栏 支持优质涉农企业发展壮大

河南秋乐种业科技股份有限公司（以下简称秋乐种业）是一家专业从事玉米种子、花生种子、小麦种子的育种、扩繁、加工、销售的河南省专精特新中小企业。2014年8月，秋乐种业在新三板挂牌后，于2022年5月定向发行融资1 033.5万元。为抢占创新发展先机赢得资金支持，2022年12月，秋乐种业在北交所公开发行上市（证券代码：831087）融资1.98亿元。通过在新三板、北交所市场"边规范、边融资、边发展"，秋乐种业借力资本市场发展壮大，进一步完善了研发体系，增强了自主研发能力。公司凭借自主掌握的育种技术，培育了"秋乐368"玉米种等一批优质植物新品种，获得了市场高度认可，为助力我国现代种业发展、全面推进乡村市场振兴贡献了力量。

助力绿色低碳转型

一是推动加强上市公司可持续发展信息披露。 经过多年制度建设和监管推动，2023年，共有1 800多家上市公司披露了可持续发展相关报告，披露家数再创新高；3 161家公司披露了为减少碳排放所采取的措施及效果，3 372家公司披露了减少和处理污染物排放的措施及效果，披露家数占比均超过全部上市公司的六成。持续引导上市公司践行绿色发展理念，助力碳达峰碳中和。

二是支持符合条件的绿色低碳企业融资。 截至2023年底，沪深两所共有新能源、新能源汽车、节能环保行业上市公司448家，总市值5.19万亿元。北交所共有新能源、新能源汽车、节能环保行业上市公司25家，总市值690.61亿元。2023年，上述行业上市公司披露并购重组交易203单，交易金额826.86亿元，有力支持了绿色经济发展。

> **专栏　支持新能源领域并购重组**
>
> 2023年，中船科技收购中国船舶重工集团海装风电股份有限公司等5家公司获证监会注册，交易价格91.98亿元，募集配套资金30亿元。本次交易标的属于风电等新能源业务相关资产，业务范围涵盖风力发电设备的制造、风电场和光伏电站的开发与运营、新能源工程建设服务等，符合国家"碳达峰、碳中和"目标。中船科技在现有的工程设计勘察等业务基础上，注入新能源领域资产，进一步拓宽了业务范围，有利于深化国有企业改革，优化国有资本布局，助力绿色低碳转型、实现高质量发展。

三是完善绿色债券融资机制。 2023年12月，中国证监会会同国务院国资委出台《关于支持中央企业发行绿色债券的通知》，完善中央企业绿色债券融资支持机制，强化资本市场服务绿色低碳发展能力建设。

四是推进绿色低碳类期货品种上市。 指导期货交易所稳妥有序推进绿色低碳类期货品种上市工作，助力绿色低碳发展转型。2023年，广州期货交易所上市了碳酸锂期货及期权，为相关产业提供风险管理和价格发现工具。同时，广期所积极稳妥推进碳排放权期货研发工作，紧密跟进境内外碳市场实践，持续完善期货合约规则框架设计。

服务乡村振兴

一是结合实体经济要求,丰富农产品期货品种。 截至2023年底,中国证监会已批准上市44个涉农期货期权品种,涵盖粮、棉、油、糖、副、林等重要农业领域。

2016年以来,"保险+期货"已连续8年写入"中央一号文件",在巩固脱贫攻坚、助力乡村振兴和服务农业强国建设方面发挥了积极作用。2023年"中央一号文件"明确指出"发挥多层次资本市场支农作用,优化'保险+期货'",为持续开展农产品"保险+期货"项目指明了发展方向。

专栏 "保险+期货"工具箱助力巩固脱贫攻坚

云南省西双版纳自治州勐腊县地处我国西南边境,与老挝、缅甸交界,境内多山少地,少数民族聚居,曾是国家级贫困县。橡胶种植既是当地农民60%以上收入的来源,也是全县迈向共同富裕的重要产业基础。2018年以来,在上期所的支持下,中信建投期货在勐腊县完善天然橡胶"保险+期货"模式,共为5 231户次勐腊县胶农提供了约1.87亿元的风险保障,累计实现赔付超1 100万元。2022年以来,中信建投期货将龙头企业引入"保险+期货",通过"二次结算"模式进一步提升胶农生产积极性,帮助勐腊县胶农稳定生产,两年承保橡胶6.5万亩,累计实现赔付560.75万元,为边疆地区产业振兴提供有力保障。

专栏 红枣期货助新疆麦盖提农民趁"枣"致富

新疆麦盖提县有200多年的红枣栽培史,年产红枣约26万吨,约占全国总产量的20%,产值20余亿元,全县人均收入的近半来自红枣产业。2015年以来,红枣扩种增产的同时,其价格一直在低位波动,枣农种植意愿逐年下降。为助力当地农业发展,在郑州商品交易所(以下简称郑商所)的支持下,2019—2023年,中泰期货等期货公司联合中华联合保险公司连续5年在麦盖提县开展红枣"保险+期货"县域覆盖项目,有力保障了枣农的收益。其中2023年麦盖提红枣"保险+期货"项目为当地9.2万亩红枣提供了价格保障,项目总保费3 057.47万元,赔付金额达到1 627.92万元。同时,随着红枣期货交割库在麦盖提县设立,期货交割库的产业集聚优势逐步发挥,大型红枣生产加工龙头企业纷纷入驻,红枣三次产业融合发展,麦盖提县逐步实现从红枣种植大县向红枣产业大县转变,为农业大县的产业升级提供了有益经验。

> **专栏　"银期保"模式全流程助力豆农稳收增收**
>
> 　　为更好服务大豆扩种工程，在大连商品交易所（以下简称大商所）的支持下，南华期货联合阳光农险在黑龙江省密山市北大荒八五五农场开展了"银期保"大豆种收专项项目，探索促进农业增效、农民增收的农业风险管理模式。项目采取"银行+保险+期货+企业"的模式，同时引入龙头企业和银行参与，发挥金融合力，为农户提供"从种地到卖粮"的全流程工具，此次项目共计为686户农场社员的5.13万亩大豆提供了3 698.91万元的收入风险保障，总保费359.39万元。2023年，农场约有1 442亩豆田受灾，项目理赔金额达到100余万元，有效化解了灾情给农户带来收益损失。同时，企业通过对投保主体进行保底收购并提供二次点价机会，使投保主体手中的大豆既能"卖得出"，又能"卖得好"，在助力全面推进乡村振兴中发挥了积极作用。

二是支持定点帮扶县巩固脱贫攻坚成果和乡村振兴。 2023年，证监会定点帮扶6个省（自治区）的9个县，分别是河南省兰考县和桐柏县、陕西省延长县、山西省隰县和汾西县、安徽省宿松县和太湖县、甘肃省武山县及新疆麦盖提县。证监会系统共在9个县无偿直接投入帮扶资金6 140.32万元，无偿引进帮扶资金6 492.58万元，培训基层干部2 289名，培训乡村振兴带头人1 440名，培训专业技术人才603名，购买和帮助销售定点帮扶县农产品1 295.97万元，支持定点帮扶县延长县打造乡村振兴示范点1个。

> **专栏　开展碳普惠项目试点，探索生态振兴新路径**
>
> 　　在证监会党委的坚强领导下，上交所深入学习贯彻习近平生态文明思想和关于"三农"工作的重要论述，认真落实党中央、国务院关于乡村振兴战略、"双碳"目标决策部署，推动宿松县抢抓"长三角"碳普惠机制联建政策机遇，在安徽省率先开展碳普惠项目试点。项目在上海环境能源交易所、国泰君安股份有限公司的专业指导下，将宿松县151座村级光伏电站作为减排场景，成功开发光伏发电碳排放权。上交所下属上证数据公司购买项目签发的碳排放权，抵消其数据中心运营能耗产生的碳排放量，履行低碳发展社会责任。该项目帮助宿松县实现碳汇收益137.1万元，惠及全县84个村集体经济（含70个脱贫村）、帮助5 742户脱贫户增收，为落实"中央一号文件"要求、巩固拓展光伏扶贫工程成效提供了项目示范，为巩固拓展脱贫攻坚成果、利用碳汇产品价值服务乡村振兴开辟了崭新路径。

专栏　支持发行农村产业融合发展专项企业债券

2023年7月，宿松县建设发展投资有限公司发行农村产业融合发展专项企业债券（第二期），发行规模4亿元，期限7年，票面利率4.58%。第一期已于2022年7月发行，发行规模6亿元，期限7年，票面利率3.99%。该次企业债券发行是宿松企业首次通过债券市场融资，发行利率创有史以来同期限同评级企业债最低利率，累计为发行人节约资金成本3 000余万元。债券募集资金用于宿松县乡村振兴产业集中示范区项目及美好乡村一、二、三产业融合发展项目建设等用途，有效突破乡村建设发展资金短缺瓶颈，为县域乡村振兴注入强劲动力。国家乡村振兴局《乡村振兴简报》专门刊登了《安徽宿松创新债券融资模式金融赋能乡村振兴》的典型案例和做法。

投资者权益保护

弘扬优秀投资文化

完善投资者保护机制

健全投资者行权维权机制

提升投资者服务水平

加强投资者教育

按照中共中央、国务院2023年3月印发的《党和国家机构改革方案》部署，稳妥做好投资者保护职责划转，保障工作衔接有序。按照《中国证监会职能配置、内设机构和人员编制规定》相关要求，与金融监督管理总局积极沟通协调，承担投资者保护相关工作，保护投资者合法权益。

弘扬优秀投资文化

加大各类中长期资金入市力度

大力发展权益类基金，支持成熟指数型产品做大做强，稳步推进基金投资顾问业务试点，持续优化合格境外投资者准入管理，更好服务实体经济发展和居民财富增长。合理调降保险公司大盘蓝筹股投资风险因子，引导各类中长期资金提高股票投资规模和比例。截至2023年底，各类专业机构投资者合计持有A股流通市值16万亿元，5年来增幅超1倍，持股占比从17%提升至23%。

引导各类机构投资人树立长期投资导向

近5年来，公募基金平均年化换手率从259%稳步降低到207%。推动财政部对国有保险公司净资产收益率实施3年长周期考核，推动保险资金长期股票投资试点进入落地实施阶段，会同相关部门多次召开年金基金座谈会，引导其强化长期投资导向。

督促公募基金积极参与上市公司治理、做好投资者服务

指导基金业协会修订《基金管理公司代表基金对外行使投票表决权工作指引》，公募基金参与上市公司议案投票的积极性不断提高。指导基金业协会发布《公募基金投资者教育工作指引》，搭建体系明确、科学合理的投教工作评估体系，引导行业机构加大投资者服务和陪伴力度，帮助投资者培育正确理财投资观念、提高投资技能、强化风险意识。

完善投资者保护机制

持续完善中国特色的投资者保护制度体系。为加强投资者保护力度，维护市场秩序，制定实施《欺诈发行上市股票责令回购实施办法（试行）》，细化《证券法》第二十四条有关责令回购的规定，明确责令回购措施适用范围、回购对象、回购价格等事项。为引导投资者理性参与债券市场，指导沪深北交易所分别制定或修订发布相关证券交易所《债券市场投资者适当性管理办法》。指导深交所修订发布《关于完善可转换公司债券投资者适当性管理相关事项的通知》，明确退市公司可转换公司债券在退市整理期的投资者适当性要求。指导北交所落实"支持科创板投资者直接参与北交所股票交易"的要求，修订发布《北交所投资者适当性管理办法》。组织沪深交易所制定发布相关证券交易所《主板投资风险揭示书必备条款》，强化会员投资者适当性管理职责。

健全投资者行权维权机制

加大证券支持诉讼工作力度。截至2023年底，中证中小投资者服务中心（以下简称投服中心）累计提起证券支持诉讼52件、申请普通代表人诉讼7件，提起股东直接诉讼1件、股东代位诉讼5件，支持诉讼和普通代表人诉讼总金额约1.33亿元，累计获赔投资者763人，获赔总金额约6 210万元。

依法推进特别代表人诉讼开展。投资者保护机构持续梳理评估案件，优化案件办理流程，全面总结经验，推动完成第二单特别代表人诉讼泽达易盛案。投

资者保护机构为普通代表人诉讼提供损失测算等服务，降低投资者维权成本。截至2023年底，申请发起特别代表人诉讼2件，1案判决、1案调解；判赔总人数为52 037人，判赔总金额约24.59亿元；调解总人数7 195人，调解总金额2.85亿元。

深入推动持股行权工作开展。截至2023年底，投服中心共持有5 333家上市公司股票，累计行权4 152场，行使股东权利5 619次。

首次适用行政执法当事人承诺制度维护投资者合法权益。2023年12月29日，证监会分别与紫晶存储案4家中介机构签署承诺认可协议。4家中介机构承诺交纳约12.75亿元承诺金并自查整改，其中已通过先行赔付程序赔付投资者约10.86亿元。

专栏　《证券法》修订后的首单先行赔付案例落地

前期，证监会对广东紫晶信息存储技术股份有限公司（以下简称紫晶存储）欺诈发行、信息披露违法违规行为作出行政处罚，对相关责任人员作出行政处罚以及实行市场禁入，并将涉嫌刑事犯罪人员依法及时移送公安机关处理，对"首恶"进行了严厉惩处，全方位追责。紫晶存储案中，4家涉案中介机构共同出资设立先行赔付专项基金，用于先行赔付适格投资者的投资损失。这是2019年修订的《证券法》下中国特色投资者保护制度的一次生动实践，是我国资本市场先行赔付制度又一次成功案例，充分体现了证券期货纠纷多元化解中国方案的独特优势。在短短2个月内有16 986户投资者获得了10.86亿元赔偿，占总受损人数的97.22%、总应赔金额的98.93%，充分彰显了以人民为中心、坚持人民至上的理念，社会效果显著。

提升投资者服务水平

以12386服务平台为抓手，持续做好投资者诉求处理工作。据统计，2023年，12386服务平台共接收处理投资者诉求19.9万余件，为投资者挽回损失超8 000万元，收到投资者感谢信200余件。

纠纷多元化解机制和诉源治理工作进一步走深走实。在"总对总"证券期货纠纷在线诉调对接机制框架下，证监会各派出机构、会管单位积极与各级人民法院开展"点对点"沟通协作，紧密结合地方政府优化营商环境等工作，创新应用"示范判决+专业调解"、诉调对接、仲调对接等系列机制。通过"总对总"在线调解的案件比2022年增长263%，6个辖区实现"零的突破"。

开展投资者保护监督检查、投资者状况调查评估和行为分析。部署2023年投资者保护现场检查工作，指导派出机构依法开展投资者保护日常检查，推动市场主体履职尽责。抽取上海、江苏等6个辖区14家国家级投教基地，组织开展国家级投教基地现场检查。组织开展2022年度全国股票市场投资者行为分析。组织开展2022年度公募基金市场投资者调查。

加强中国投资者网运行管理和功能优化。加强网站宣传推广，持续丰富网站内容，优化网站功能，美化界面布局，推动网站升级改版。

加强投资者教育

积极开展投资者教育专项活动。 持续开展投资者教育，持之以恒培育投资者长期投资、价值投资、理性投资的理念，提升投资者的风险意识和自我保护能力。以"拥抱全面注册制改革，保护投资者合法权益"为主题，开展"5·15全国投资者保护宣传日"活动。组织开展"3·15投资者保护""世界投资者周"等投教专项活动。会同金融监督管理总局、人民银行、网信办举办金融消费者权益保护教育宣传月活动。开展常态化投资者风险教育，在证监会官网发布风险提示信息。

推动投资者教育基地提高服务质效。 截至2023年12月，全国已建设195家实体和互联网投资者教育基地，其中国家级投教基地71家，省级投教基地124家，帮助投资者获取证券期货知识、认识投资风险并掌握风险防范措施。组织投教基地考核评价工作，树立质量优先、扶优限劣、有进有出的监管导向。

持续推进投资者教育纳入国民教育体系。 建设上线投资者教育纳入国民教育体系成果展示平台，截至2023年底，展示工作成果2 105件。建设形成投资者教育纳入国民教育体系师资库和专家库，截至2023年底，涵盖756位讲师和112位专家。协同相关各方推进课程设置、教材编写、师资培训等工作，全方位推动投资者教育纳入各阶段国民教育。

推进高水平制度型开放

扩大资本市场双向开放

国际交流与合作

扩大资本市场双向开放

境内外市场互联互通

沪深港通机制日益深化。2023年3月，双向扩大沪深港通股票标的范围正式落地。北向方面新增纳入股票1 034只，沪股通、深股通标的扩容后分别达到1 192只、1 336只，市值分别为51.11万亿元、30.16万亿元，市值覆盖率分别为91%、86%；南向方面纳入符合条件的在港主要上市外国公司4家，港股通标的扩容后至561只。2023年4月，沪深港通交易日历优化正式落地实施，全年新增北向3个交易日、南向6个交易日，沪深港通对A股和港股市场交易日的覆盖度提升。2023年8月，中国证监会与香港证监会发布联合公告，就推动大宗交易纳入互联互通机制达成共识，进一步丰富交易方式，提升交易便利度。2023年，沪深港通成交金额31.59万亿元，其中沪港通、深港通成交金额分别为15.02万亿元、16.57万亿元；沪深股通投资者净买入437.03亿元，交易金额25.12万亿元，占A股交易总额的5.92%；港股通投资者净买入2 894.50亿元，交易金额6.47万亿元，占港股交易总额的14.52%。截至2023年底，沪深股通投资者持有A股流通市值2.00万亿元，占A股总流通市值的2.87%；港股通投资者持有港股2.05万亿元，占港股总市值的7.29%。

境内外ETF（交易所交易基金）互通顺利拓展并平稳运行。2023年11月9日，银河富国中证1000ETF在新加坡交易所上市；12月1日，华泰柏瑞南方东英新交所泛东南亚科技ETF和南方东英华泰柏瑞上证红利ETF分别在上交所和新交所同步上市，沪新ETF互通正式落地。截至2023年底，内地与香港特区、中日、中新ETF互通分别累计推出6只、11只、6只互通产品，全年运行平稳。

优化完善互联互通存托凭证（GDR）制度机制。加强GDR下对应新增A股基础股份发行与全面注册制的衔接，发布实施GDR监管指引。与英国、德国监管机构更新签署监管合作文件，进一步完善跨境监管合作机制，持续做好互联互通存托凭证业务跨境监管工作。2023年，证监会核准5家企业发行全球存托凭证GDR，9家企业完成发行GDR，筹资185.47亿港元。

促进跨境投融资双向流动

完善企业境外上市监管制度，支持符合条件的企业上市融资。经国务院批准，证监会于2023年2月17日发布《境内企业境外发行证券和上市管理试行办法》及配套监管指引，自3月31日起施行。境外上市新规坚持市场化、法治化、国际化，为境内企业赴境外上市创造更加透明、可预期的制度环境。

支持符合条件的企业赴境外上市融资。2023年，证监会核准及备案30家企业H股首次公开发行（包括20家同时实施"全流通"的公司），完成54家次公司境外再融资备案，15家H股公司单独实施"全流通"备案。完成53家红筹企业首次公开发行上市备案，其中赴港上市27家，赴美上市26家。核准5家境内企业GDR发行，其中赴瑞士4家，赴英国1家。2023年，有25家境内企业完成H股IPO，筹资169.14亿港元；43家红筹企业在港完成IPO，筹资290.52亿港元；23家红筹企业在美完成IPO，筹资7.56亿美元（折合60.74亿港元）。上述已完成IPO的91家企业中，民营企业84家，占比超九成，筹资439.32亿港元；科技型企业20家，占比近两成，筹资153.22亿港元。有9家境内企业完成GDR发行，筹资193.02亿港元，均为科技型民营企业。持续落实《非上市公众公司监督管理办法》对注册在境内的境外上市公司（主要是H股公司）境内定向发行股份的监管要求，2023年对8家H股公司的境内定向发行股份申请履行注册程序，合计融资211.70亿元。

推动证券基金经营机构高水平开放。继续落实取消证券公司、基金管理公司外资股比限制政策，批准设立渣打证券（成为首家新设的外商独资证券公司），批准5家外商独资基金管理公司（施罗德基金、联博基金、安联基金、摩根基金、摩根士丹利基金），为外商独资施罗德基金、联博基金、渣打证券颁发许可证。同意2家基金公司设立新加坡子公司、1家基金公司设立香港子公司。截至2023年底，共有18家合资证券公司（含3家外商独资证券公司）、49家合资基金管理公司（含8家外商独资基金管理公司），36家证券公司在中国香港、新加坡、老挝共设立、收购或参股38家经营机构，25家基金管理公司在中国香港、新加坡、美国设立或收购27家经营机构。2023年，共批准81家境外机构合格境外机构投资者资格，机构总数较上年增长8.92%，达到806家。在前期部分地区试点的基础上，扩大境外证券基金专业人才从业特别程序实施范围，将实施范围推广至全国。

不断提升私募基金行业对外开放水平，更大力度吸引和利用外资，着力推动高质量发展。截至2023年底，外资私募证券基金管理人35家，管理基金299只，管理基金规模1 019.94亿元。

稳妥有序推进期货服务业与期货市场对外开放。2023年，证监会批准设立摩根士丹利期货等外商独资期货经营机构。截至2023年底，证监会已核准2家外商独资期货公司。与此同时，我国期货公司业务逐步走向国际舞台。截至2023年底，全国期货公司共设立20家境外子公司，其中18家位于中国香港，2家位于新加坡。当前，14家中国香港子公司及2家新加坡子公司已开展业务，并在中国香港、美国、英国、新加坡、瑞士、开曼等地设立了33家二级和三级子公司。2023年1月12日，郑州商品交易所的菜籽油期货和期权、菜籽粕期货和期权以及花生期货和期权引入境外交易者参与。2023年8月，上海出口集装箱结算运价指数（欧洲航线）期货作为境内特定品种上市，允许境外交易者参与。截至2023年底，我国期货市场已有24个期货期权品种纳入特定品种，合格境外投资者（QFII/RQFII）已可以参与境内46个期货期权品种交易。

扩大对港澳台地区开放

研究对香港特区开放新举措，不断深化两地金融产品双向开放。支持香港证监会于2023年11月宣布拟推出国债期货产品。落实粤港澳大湾区战略，支持港澳融入国家发展大局。支持符合条件的台资企业在大陆上市融资发展，持续推动落实《关于促进两岸经济文化交流合作的若干举措》（"31条措施"）取得实效。2023年，新增晶合集成、信音电子、惠柏新材3家台企在A股上市融资。截至2023年底，累计已有62家台企在A股上市。

国际交流与合作

跨境监管和执法合作

持续完善跨境监管合作机制。 截至2023年底，中国证监会共与67个国家（或地区）的证券期货监管机构签署双边监管合作谅解备忘录，建立了监管合作机制。

积极开展跨境监管与执法合作。 认真履行双、多边备忘录下跨境监管执法合作义务。2023年中国证监会共收到外国证券期货监管机构跨境执法协查请求16件，已办结18件（含往年结转）；收到外国监管信息协查请求51件，已办结54件（含往年结转）。积极利用现行跨境协查机制，为2个案件的境外调查需求向2家外国监管机构发送3件执法协查请求。

中美审计监管合作取得进展。 2022年8月，中国证监会、财政部与美国公众公司会计监督委员会（PCAOB）签署中美审计监管合作协议，严格执行各自法律法规和协议的有关规定，合作开展了一系列检查和调查活动。2022年12月，PCAOB发布报告，确认可以对中国内地和香港会计师事务所完成检查和调查。2023年，中美双方继续开展跨境审计检查和调查合作，各项工作按计划顺利完成，常态化、可持续的审计监管合作机制逐步形成。

政府间财金对话和投资自贸协定谈判

积极参与中美、中德、中法、中欧、中新等政府间财金对话、经贸高层对话磋商机制，推动对话成果共识落实落地。参与推动加入全面与进步跨太平洋伙伴关系协定（CPTPP）和数字经济伙伴关系协定（DEPA）相关工作，主动对接国际高标准经贸规则。参与推动中白（俄）、中尼（加拉瓜）、中洪（都拉斯）等双多边自贸投资协定谈判，助力扩大面向全球的高标准自由贸易区网络，实施高水平的金融服务贸易和投资自由化便利化政策。

与国际组织合作交流

全面深入参与国际证监会组织（IOSCO）相关工作。 中国证监会作为IOSCO理事会常任理事，在证券监管国际标准制定和国际组织内部治理中积极发出我方声音，同时主动加强与国际监管同行的沟通交流与经验互鉴。深入参与可持续金融领域的国际治理与合作，积极参与IOSCO可持续金融专项工作组（STF）下设的国际可持续准则理事会（ISSB）准则审阅技术工作组、鉴证工作组、碳市场工作组、转型计划工作组、绿色金融创新工作组相关研究和规则制定工作，努力反映符合我国资本市场发展阶段与监管能力的诉求与建议；积极参与国际组织关于加密与数字资产领域的相关研究和政策制定工作，派员参加IOSCO金融科技工作组（FTF）各项工作；成功连任IOSCO多边备忘录（MMoU）监督小组（MG）副主席职务，积极参与监督小组指导委员会（MG-SC）各项议题活动，及时阐明我方立场与意见，努力维护我国发展利益。继续发挥中国证监会代表在二级市场监管工作委员会（C2）和衍生品委员会（C7）担任副主席的作用，推动各辖区监管机构深化互信合作，参与起草有关市场中断等报告撰写以及商品衍生品市场原则修订及后续工作，主动宣传我国资本市场监管的良好做法与经验。

深化与其他国际组织合作。 积极开展第三次金融部门评估（FSAP评估）工作，对外积极展示我国资本市场全面深化改革和扩大高水平对外开放成果，努力营造良好外部舆论环境。通力完成由人民银行牵头的2023年基金组织第四条款磋商工作；协助人民银行填报金融稳定理事会（FSB）场外衍生品改革进展问卷、FSB脆弱性评估问卷、FSB证券融资交易政策建议落实情况问卷；应亚行邀请参加中亚区域经济合作机制（CAREC）组织的论坛，向各成员辖区宣介了我国资本市场支持绿色低碳转型发展的有关政策举措，取得良好成效。

加强货银对付（DVP）改革国际宣传。 中国证监会积极参加2023年欧洲清算银行担保品管理大会等国际会议，通过多种方式对外宣传DVP改革的中国方案和改革成效，获得国际市场积极反响。

> **专栏　中国证监会国际顾问委员会第20次会议召开**
>
> 中国证监会国际顾问委员会（以下简称顾委会）第20次会议于2024年1月10日至11日在北京召开。这是2020年新冠疫情发生以来召开的第一次线下会议。会议期间，中共中央政治局委员、国务院副总理何立峰会见了参会的顾委会委员。
>
> 本次会议主题为"全球大变局下深化中国资本市场改革发展与高水平对外开放"。顾委会主席霍华德·戴维斯先生、副主席史美伦女士等15名顾委会委员，中国证监会领导出席会议，证监会系统相关单位和会内司局的主要负责人参加会议。
>
> 与会代表围绕"资本市场面临的机遇挑战与应对之策""进一步深化资本市场改革，更好服务经济高质量发展"和"持续推进高水平制度型双向开放，妥善应对跨境风险与挑战"3个议题进行了广泛深入的交流与研讨。委员们积极评价中国政府坚定不移推进改革开放的决心与政策定力，认为过去一年来，中国资本市场在全面深化改革、推进高水平双向开放合作以及防范风险等方面做了大量工作，对支持企业创新发展和助力中国经济回升向好发挥了积极作用。
>
> 委员们对近年来资本市场法治建设成果表示欢迎，认为这将有利于更好发挥资本市场的功能。与会委员普遍认为，面对当前复杂多变的国际政治经济与金融形势，资本市场在全球经济复苏与可持续发展方面承担着重要的责任与作用。各国证券监管机构应认真分析研判国际经济金融形势，坚守监管主责主业，加强跨境监管与执法合作，协同应对新问题、新挑战。
>
> 委员们还就中国资本市场进一步深化改革、加强高水平证券期货市场开放合作、培育中长期资金、结合国情推进可持续发展信息披露、加强沟通交流和市场宣介等方面提出咨询意见与工作建议。

附录

附录1　2023年证券期货市场监管大事记

附录2　2023年颁布的部门规章和规范性文件

附录3　证监会系统单位简介及联系方式

附录1 2023年证券期货市场监管大事记

1. **1月4日** 证监会、人民银行联合发布《公开募集证券投资基金信息披露电子化规范（JR/T0259—2023）》。
2. **1月12日** 证监会发布《证券期货经营机构私募资产管理业务管理办法》及其配套规则。
3. **1月13日** 证监会发布《证券经纪业务管理办法》。
4. **1月19日** 上交所、深交所、中国结算发布沪深港通交易日历优化配套规则，夯实港股通交易日历优化制度基础。
5. **2月2日** 证监会召开2023年证监会系统工作会议，以习近平新时代中国特色社会主义思想为指导，深入学习贯彻党的二十大精神，落实中央经济工作会议、二十届中央纪委二次全会部署，总结工作，分析形势，研究部署2023年重点工作，对全面实行股票发行注册制改革进行动员部署。
6. **2月6日** 沪深证券交易所正式启动债券做市业务，首批共有12家证券公司参与做市。
7. **2月7日** 证监会发布《证券公司场外业务资金服务接口》等4项金融行业标准。
8. **2月17日** 证监会发布全面实行股票发行注册制相关制度规则，自公布之日起施行。证券交易所、全国股转公司、中国结算、中证金融、证券业协会配套制度规则同步发布实施。此次发布的制度规则共165部，其中证监会发布的制度规则57部，证券交易所、全国股转公司、中国结算等发布的配套制度规则108部。
9. **2月17日** 证监会、人民银行联合发布《重要货币市场基金监管暂行规定》。
10. **2月17日** 证监会发布《境内企业境外发行证券和上市管理试行办法》。
11. **2月17日** 中国证监会与香港证监会签订监管合作备忘录，进一步加强有关境内企业香港特区上市相关事宜的监管合作。
12. **2月20日** 北交所正式启动股票做市交易业务，首批13家做市商为36只股票做市。
13. **2月24日** 证监会、财政部、国家保密局、国家档案局联合发布《关于加强境内企业境外发行证券和上市相关保密和档案管理工作的规定》。
14. **2月27日** 证监会发布《证券期货业网络和信息安全管理办法》。
15. **3月7日** 证监会印发《关于进一步推进基础设施领域不动产投资信托基金（REITs）常态化发行相关工作的通知》。
16. **3月14日** 易会满同志会见香港证监会主席雷添良、行政总裁梁凤仪一行。双方回顾近期内地与香港特区资本市场合作成果，并就两地市场发展近况交换看法，双方同意进一步深化合作，共同推动两地资本市场协同发展。
17. **3月17日** 易会满同志会见香港特别行政区行政长官李家超一行。双方回顾近年来内地与香港特区资本市场合作成果，并就扩展内地与香港特区金融市场互联互通、加强绿色和可持续金融合作等议题交流看法。双方同意进一步支持香港特区充分发挥独特优势，提高国际竞争力，更好融入国家发展大局。
18. **3月29日** 证监会发布《期货交易所管理办法》。
19. **4月7日** 国务院办公厅印发《关于上市公司独立董事制度改革的意见》。
20. **4月10日** 沪深交易所主板注册制首批企业上市仪式在北京、上海、深圳三地连线举行。
21. **4月11日** 证监会召开2023年系统全面从严治党暨纪检监察工作会议，深入贯彻党的二十大、二十届中央纪委二次全会和国务院第一次廉政工作会议精神。易会满同志总结2022年以来证监会系统全面从严治党和党风廉政建设工作，分析形势，部署今后重点任务。樊大志同志对做好证监会系统纪检监察工作作出部署。
22. **4月14日** 证监会召开系统警示教育大会，通报证监会系统违纪违法典型案件和违反中央八项规定精神和"四风"问题，部署证监会系统全面从严治党、党风廉政建设和反腐败斗争工作。
23. **4月21日** 30年期国债期货在中金所上市，标志着覆盖基准收益率曲线各关键节点的国债期货产品体系基本构建完成。

24. 4月23日　为贯彻落实党中央、国务院关于机构改革的决策部署，根据《中国证监会　国家发展改革委关于企业债券发行审核职责划转过渡期工作安排的公告》，对国家发展改革委移交的34个企业债券项目依法履行注册程序，同意核发注册批文。首批企业债券发行拟募集资金合计542亿元。

25. 4月24日　沪深港通交易日历优化正式上线实施。此次交易日历优化实施后，两地市场共同交易日的沪深港通交易全部放开。

26. 4月25日　中国结算完成私募股权创投基金向投资者实物分配股票首单试点。

27. 4月28日　证监会印发《推动科技创新公司债券高质量发展工作方案》。

28. 5月19日　中国证监会与新加坡金融管理局（MAS）在北京举行第七届中新证券期货监管圆桌会。双方就各自最新监管动态和监管实践、深新ETF互通合作进展等情况进行深入交流，并就资本市场有关领域深化务实合作达成共识。

29. 6月5日　上交所上市科创50ETF期权。

30. 6月8日　易会满同志出席第十四届陆家嘴论坛。易会满同志围绕"坚定不移走好中国特色现代资本市场发展之路，更好助力中国式现代化"发表主题演讲。

31. 6月12日　中国证监会与香港证监会在香港特区举行第十三次高层会晤。双方就两地资本市场改革开放发展近况进行沟通与交流，就优化互联互通机制、促进衍生品市场和资管业合作、跨境监管合作等议题进行磋商并取得积极共识。

32. 6月16日　沪深证券交易所首批4单基础设施REITs扩募项目上市，募资规模合计超过50亿元，标志着公募REITs扩募机制全面落地。

33. 6月20日　证监会发布《关于深化债券注册制改革的指导意见》《关于注册制下提高中介机构债券业务执业质量的指导意见》。

34. 6月30日　证监会公示"专精特新"专板建设方案备案名单（第一批），首批符合专板建设要求的区域性股权市场共9家。

35. 7月3日　国务院总理李强签署国务院令，公布《私募投资基金监督管理条例》。

36. 7月24日　证监会召开2023年证监会系统年中工作座谈会。会议以习近平新时代中国特色社会主义思想为指导，认真学习贯彻中央政治局会议精神，落实党中央、国务院决策部署，总结工作，分析形势，研究部署下半年重点工作。易会满同志作题为《坚定信心　稳中求进　奋力推进中国特色现代资本市场建设》的工作报告。

37. 7月21日　沪深证券交易所联合发布《以上市公司质量为导向的保荐机构执业质量评价实施办法（试行）》。

38. 7月28日　证监会发布《证券公司核心交易系统技术指标》等2项金融行业标准。

39. 7月31日　证监会发布《期货市场持仓管理暂行规定》。

40. 8月1日　证监会发布《上市公司独立董事管理办法》。

41. 8月18日　上交所、深交所、北交所分别发布调整股票交易经手费收费标准的通知，进一步降低证券交易经手费。

42. 8月27日　上交所、深交所、北交所分别修订发布融资融券交易实施细则，将融资保证金比例从100%降低至80%。

43. 8月28日　中国结算按照《关于减半征收证券交易印花税的公告》正式实施减半征收证券交易印花税。实施首日，全市场实现减税5.67亿元。

44. 8月31日　中国证监会系统廉政教育基地和内幕交易警示教育展启动。

45. 8月31日　证监会发布《行政处罚罚没款执行规则》。

46. 9月1日　证监会印发《中国证监会关于高质量建设北京证券交易所的意见》。

47. 9月1日　上交所、深交所、北交所分别发布程序化交易报告和管理相关通知，建立程序化交易报告制度及监管安排。

48. 9月26日　上交所、深交所分别发布《关于进一步规范股份减持行为有关事项的通知》。

49. 10月1日　中国结算正式实施差异化缴纳结算备

付金，股票类业务最低备付金缴纳比例由原先的16%降至平均接近13%。

50. 10月20日　证监会发布《公司债券发行与交易管理办法》《公开发行证券的公司信息披露内容与格式准则第24号——公开发行公司债券申请文件（2023年修订）》。

51. 10月20日　证监会发布《中国证监会关于企业债券过渡期后转常规有关工作安排的公告》。

52. 10月20日　上交所、深交所、北交所分别发布公司债券（含企业债券）业务相关规则。

53. 10月23日　证监会发布《上市公司公告电子化规范》等9项金融行业标准。

54. 10月26日　证监会发布《律师事务所从事证券法律业务管理办法》。

55. 11月2日　证监会、国家标准委印发《关于加强证券期货业标准化工作的指导意见》。

56. 11月10日　《证监会职能配置、内设机构和人员编制规定》正式公布，明确证监会是国务院直属机构，为正部级。

57. 11月14日　证监会发布《上市公司向特定对象发行可转换公司债券购买资产规则》。

58. 11月14日　樊大志同志主持召开会议，对上交所等8家证券期货交易所贯彻落实习近平总书记指示批示精神、党中央重大决策部署和全面从严治党情况，以及中央巡视、审计整改落实情况启动专项监督检查。

59. 11月23日　证监会发布《证券公司与资产管理产品管理人及服务机构间对账数据接口》金融行业标准。

60. 11月28日　中共中央总书记、国家主席、中央军委主席习近平在上海考察调研时前往上海期货交易所考察。

61. 12月8日　证监会、国务院国资委联合发布《关于支持中央企业发行绿色债券的通知》。

62. 12月15日　证监会发布《上市公司监管指引第3号——上市公司现金分红（2023年修订）》。

63. 12月15日　证监会发布《上市公司股份回购规则》。

64. 12月22日　证监会发布《公开发行证券的公司信息披露编报规则第15号——财务报告的一般规定（2023年修订）》《公开发行证券的公司信息披露解释性公告第1号——非经常性损益（2023年修订）》。

65. 12月29日　深交所、中国结算联合发布施行《深圳证券交易所　中国证券登记结算有限责任公司B转H业务实施细则》，规范B转H登记存管、交易结算管理相关事宜。

附录2 2023年颁布的部门规章和规范性文件

中国证监会颁布的部门规章

1. 《证券期货经营机构私募资产管理业务管理办法》（2023年1月13日　证监会令第203号）
2. 《证券经纪业务管理办法》（2023年1月13日　证监会令第204号）
3. 《首次公开发行股票注册管理办法》（2023年2月17日　证监会令第205号）
4. 《上市公司证券发行注册管理办法》（2023年2月17日　证监会令第206号）
5. 《证券发行上市保荐业务管理办法》（2023年2月17日　证监会令第207号）
6. 《证券发行与承销管理办法》（2023年2月17日　证监会令第208号）
7. 《优先股试点管理办法》（2023年2月17日　证监会令第209号）
8. 《北京证券交易所向不特定合格投资者公开发行股票注册管理办法》（2023年2月17日　证监会令第210号）
9. 《北京证券交易所上市公司证券发行注册管理办法》（2023年2月17日　证监会令第211号）
10. 《非上市公众公司监督管理办法》（2023年2月17日　证监会令第212号）
11. 《非上市公众公司重大资产重组管理办法》（2023年2月17日　证监会令第213号）
12. 《上市公司重大资产重组管理办法》（2023年2月17日　证监会令第214号）
13. 《存托凭证发行与交易管理办法（试行）》（2023年2月17日　证监会令第215号）
14. 《欺诈发行上市股票责令回购实施办法（试行）》（2023年2月17日　证监会令第216号）
15. 《中国证券监督管理委员会行政许可实施程序规定》（2023年2月17日　证监会令第217号）
16. 《证券期货业网络和信息安全管理办法》（2023年3月3日　证监会令第218号）
17. 《期货交易所管理办法》（2023年3月31日　证监会令第219号）
18. 《上市公司独立董事管理办法》（2023年8月4日　证监会令第220号）
19. 《公司债券发行与交易管理办法》（2023年10月20日　证监会令第222号）
20. 《律师事务所从事证券法律业务管理办法》（2023年10月27日　证监会令第223号）

颁布的规范性文件

1. 《证券期货经营机构私募资产管理计划运作管理规定》（2023年1月13日　证监会公告〔2023〕2号）
2. 《公开发行证券的公司信息披露内容与格式准则第57号——招股说明书》（2023年2月17日　证监会公告〔2023〕4号）
3. 《公开发行证券的公司信息披露内容与格式准则第58号——首次公开发行股票并上市申请文件》（2023年2月17日　证监会公告〔2023〕5号）
4. 《公开发行证券的公司信息披露内容与格式准则第59号——上市公司发行证券申请文件》（2023年2月17日　证监会公告〔2023〕6号）
5. 《公开发行证券的公司信息披露内容与格式准则第60号——上市公司向不特定对象发行证券募集说明书》（2023年2月17日　证监会公告〔2023〕7号）
6. 《公开发行证券的公司信息披露内容与格式准则第61号——上市公司向特定对象发行证券募集说明书和发行情况报告书》（2023年2月17日　证监会公告〔2023〕8号）
7. 《公开发行证券的公司信息披露内容与格式准则第32号——发行优先股申请文件》（2023年2月17日　证监会公告〔2023〕9号）
8. 《公开发行证券的公司信息披露内容与格式准则第33号——发行优先股预案和发行情况报告书》（2023年2月17日　证监会公告〔2023〕10号）

9. 《公开发行证券的公司信息披露内容与格式准则第34号——发行优先股募集说明书》（2023年2月17日　证监会公告〔2023〕11号）

10. 《试点创新企业境内发行股票或存托凭证并上市监管工作实施办法》（2023年2月17日　证监会公告〔2023〕12号）

11. 《公开发行证券的公司信息披露内容与格式准则第40号——试点红筹企业公开发行存托凭证并上市申请文件》（2023年2月17日　证监会公告〔2023〕13号）

12. 《〈首次公开发行股票注册管理办法〉第十二条、第十三条、第三十一条、第四十四条、第四十五条和〈公开发行证券的公司信息披露内容与格式准则第57号——招股说明书〉第七条有关规定的适用意见——证券期货法律适用意见第17号》（2023年2月17日　证监会公告〔2023〕14号）

13. 《〈上市公司证券发行注册管理办法〉第九条、第十条、第十一条、第十三条、第四十条、第五十七条、第六十条有关规定的适用意见——证券期货法律适用意见第18号》（2023年2月17日　证监会公告〔2023〕15号）

14. 《公开发行证券的公司信息披露内容与格式准则第46号——北京证券交易所公司招股说明书》（2023年2月17日　证监会公告〔2023〕16号）

15. 《公开发行证券的公司信息披露内容与格式准则第47号——向不特定合格投资者公开发行股票并在北京证券交易所上市申请文件》（2023年2月17日　证监会公告〔2023〕17号）

16. 《公开发行证券的公司信息披露内容与格式准则第48号——北京证券交易所上市公司向不特定合格投资者公开发行股票募集说明书》（2023年2月17日　证监会公告〔2023〕18号）

17. 《公开发行证券的公司信息披露内容与格式准则第49号——北京证券交易所上市公司向特定对象发行股票募集说明书和发行情况报告书》（2023年2月17日　证监会公告〔2023〕19号）

18. 《公开发行证券的公司信息披露内容与格式准则第50号——北京证券交易所上市公司向特定对象发行可转换公司债券募集说明书和发行情况报告书》（2023年2月17日　证监会公告〔2023〕20号）

19. 《公开发行证券的公司信息披露内容与格式准则第51号——北京证券交易所上市公司向特定对象发行优先股募集说明书和发行情况报告书》（2023年2月17日　证监会公告〔2023〕21号）

20. 《公开发行证券的公司信息披露内容与格式准则第52号——北京证券交易所上市公司发行证券申请文件》（2023年2月17日　证监会公告〔2023〕22号）

21. 《公开发行证券的公司信息披露内容与格式准则第56号——北京证券交易所上市公司重大资产重组》（2023年2月17日　证监会公告〔2023〕23号）

22. 《非上市公众公司信息披露内容与格式准则第1号——公开转让说明书》（2023年2月17日　证监会公告〔2023〕24号）

23. 《非上市公众公司信息披露内容与格式准则第2号——公开转让股票申请文件》（2023年2月17日　证监会公告〔2023〕25号）

24. 《非上市公众公司信息披露内容与格式准则第3号——定向发行说明书和发行情况报告书》（2023年2月17日　证监会公告〔2023〕26号）

25. 《非上市公众公司信息披露内容与格式准则第4号——定向发行申请文件》（2023年2月17日　证监会公告〔2023〕27号）

26. 《非上市公众公司信息披露内容与格式准则第6号——重大资产重组报告书》（2023年2月17日　证监会公告〔2023〕28号）

27. 《非上市公众公司信息披露内容与格式准则第7号——定向发行优先股说明书和发行情况报告书》（2023年2月17日　证监会公告〔2023〕29号）

28. 《非上市公众公司信息披露内容与格式准则第8号——定向发行优先股申请文件》（2023年2月17日　证监会公告〔2023〕30号）

29. 《非上市公众公司信息披露内容与格式准则第18号——定向发行可转换公司债券说明书和发行情况报告书》（2023年2月17日　证监会公告〔2023〕31号）

30. 《非上市公众公司信息披露内容与格式准则第19

号——定向发行可转换公司债券申请文件》(2023年2月17日　证监会公告〔2023〕32号)

31. 《非上市公众公司监管指引第2号——申请文件》(2023年2月17日　证监会公告〔2023〕33号)

32. 《非上市公众公司监管指引第4号——股东人数超过二百人的未上市股份有限公司申请行政许可有关问题的审核指引》(2023年2月17日　证监会公告〔2023〕34号)

33. 《公开发行证券的公司信息披露内容与格式准则第26号——上市公司重大资产重组》(2023年2月17日　证监会公告〔2023〕35号)

34. 《〈上市公司收购管理办法〉第六十二条、第六十三条及〈上市公司重大资产重组管理办法〉第四十六条有关限制股份转让的适用意见——证券期货法律适用意见第4号》(2023年2月17日　证监会公告〔2023〕36号)

35. 《〈上市公司重大资产重组管理办法〉第十四条、第四十四条的适用意见——证券期货法律适用意见第12号》(2023年2月17日　证监会公告〔2023〕37号)

36. 《〈上市公司重大资产重组管理办法〉第二十九条、第四十五条的适用意见——证券期货法律适用意见第15号》(2023年2月17日　证监会公告〔2023〕38号)

37. 《上市公司监管指引第7号——上市公司重大资产重组相关股票异常交易监管》(2023年2月17日　证监会公告〔2023〕39号)

38. 《上市公司监管指引第9号——上市公司筹划和实施重大资产重组的监管要求》(2023年2月17日　证监会公告〔2023〕40号)

39. 《关于北京证券交易所上市公司和非上市公众公司相关行政许可事项有关事宜的公告》(2023年2月17日　证监会公告〔2023〕41号)

40. 《重要货币市场基金监管暂行规定》(2023年2月17日　证监会公告〔2023〕42号)

41. 《境内企业境外发行证券和上市管理试行办法》(2023年2月17日　证监会公告〔2023〕43号)

42. 《关于加强境内企业境外发行证券和上市相关保密和档案管理工作的规定》(2023年2月24日　证监会公告〔2023〕44号)

43. 《中国证监会　国家发展改革委关于企业债券发行审核职责划转过渡期工作安排的公告》(2023年4月18日　证监会公告〔2023〕45号)

44. 《关于深化债券注册制改革的指导意见》(2023年6月21日　证监会公告〔2023〕46号)

45. 《关于注册制下提高中介机构债券业务执业质量的指导意见》(2023年6月21日　证监会公告〔2023〕47号)

46. 《期货市场持仓管理暂行规定》(2023年7月31日　证监会公告〔2023〕49号)

47. 《关于首次公开发行股票并上市公司招股说明书财务报告审计截止日后主要财务信息及经营状况信息披露指引》(2023年8月11日　证监会公告〔2023〕50号)

48. 《科创属性评价指引(试行)》(2023年8月11日　证监会公告〔2023〕50号)

49. 《存托凭证存托协议内容与格式指引(试行)》(2023年8月11日　证监会公告〔2023〕50号)

50. 《中国证监会关于北京证券交易所上市公司转板的指导意见》(2023年8月11日　证监会公告〔2023〕50号)

51. 《境内外证券交易所互联互通存托凭证业务监管规定》(2023年8月11日　证监会公告〔2023〕50号)

52. 《H股公司境内未上市股份申请"全流通"业务指引》(2023年8月11日　证监会公告〔2023〕50号)

53. 《证券公司北京证券交易所股票做市交易业务特别规定》(2023年9月1日　证监会公告〔2023〕52号)

54. 《行政处罚罚没款执行规则》(2023年9月8日　证监会公告〔2023〕51号)

55. 《公开发行证券的公司信息披露内容与格式准则第24号—公开发行公司债券申请文件(2023年修订)》(2023年10月20日　证监会公告〔2023〕53号)

56. 《中国证监会关于企业债券过渡期后转常规有关工作安排的公告》(2023年10月20日　证监会公告〔2023〕54号)

57. 《关于修改〈公开募集基础设施证券投资基金指

引（试行）〉第五十条的决定》（2023年10月20日　证监会公告〔2023〕55号）
58. 《关于修改〈公开发行证券的公司信息披露内容与格式准则第26号——上市公司重大资产重组〉的决定》（2023年10月27日　证监会公告〔2023〕57号）
59. 《上市公司向特定对象发行可转换公司债券购买资产规则》（2023年11月17日　证监会公告〔2023〕58号）
60. 《上市公司监管指引第3号——上市公司现金分红（2023年修订）》（2023年12月15日　证监会公告〔2023〕61号）
61. 《关于修改〈上市公司章程指引〉的决定》（2023年12月15日　证监会公告〔2023〕62号）
62. 《上市公司股份回购规则》（2023年12月15日　证监会公告〔2023〕63号）
63. 《公开发行证券的公司信息披露编报规则第15号——财务报告的一般规定（2023年修订）》（2023年12月22日　证监会公告〔2023〕64号）
64. 《公开发行证券的公司信息披露解释性公告第1号——非经常性损益（2023年修订）》（2023年12月22日　证监会公告〔2023〕65号）

附录3　证监会系统单位简介及联系方式

上海证券交易所

上海证券交易所（简称上交所）成立于1990年11月26日，是实施自律管理的法人，由中国证监会直接管理。

上交所主要职能包括：提供证券集中交易的场所、设施和服务；制定和修改本所的业务规则；按照党中央、国务院及中国证监会规定，审核证券公开发行上市申请；审核、安排证券上市交易，决定证券终止上市和重新上市等；提供非公开发行证券转让服务；组织和监督证券交易；组织实施交易品种和交易方式创新；对会员进行监管；对证券上市交易公司及相关信息披露义务人进行监管，提供网站供信息披露义务人发布依法披露的信息；对证券服务机构为证券发行上市、交易等提供服务的行为进行监管；设立或者参与设立证券登记结算机构；管理和公布市场信息；开展投资者教育和保护；法律、行政法规规定，以及中国证监会许可、授权或委托的其他职能。

上交所市场交易的证券品种主要包括股票、债券、基金、衍生品、公募REITs五大类。截至2023年底，沪市上市公司达到2 263家，股票总市值46.31万亿元，成交金额89.36万亿元，筹资总额6 076.62亿元。债券现货挂牌数30 063只，托管量17.06万亿元，成交金额35.81万亿元；债券回购成交金额403.97万亿元。基金挂牌数684只，总市值16 193.53亿元，成交金额21.75万亿元。期权挂牌交易合约528个，成交量9.91亿张，成交金额4 551.59亿元。公募REITs挂牌数20只，总市值612亿元，成交金额621亿元。

联系电话：021-68808888
传　　真：021-68807813
网　　址：www.sse.com.cn
地　　址：上海市浦东新区杨高南路388号（200127）

深圳证券交易所

深圳证券交易所（简称深交所）于1990年12月1日开始营业，是实行自律管理的法人，归属中国证监会直接管理。

深交所的主要职能包括：提供证券集中交易的场所、设施和服务；制定和修改证券交易所的业务规则；审核、安排证券上市交易，决定证券终止上市和重新上市；提供非公开发行证券转让服务；组织和监督证券交易；组织实施交易品种和交易方式创新；对会员进行监管；对证券上市交易公司及相关信息披露义务人进行监管；对证券服务机构为证券上市、交易等提供服务的行为进行监管；设立或者参与设立证券登记结算机构；管理和公布市场信息；开展投资者教育和保护；法律、行政法规规定的，以及中国证监会许可、授权或者委托的其他职能。

截至2023年底，深交所共有上市公司2 844家，上市股票2 879只；股票市价总值31万亿元，流通市值25.66万亿元，筹资总额4 350.87亿元，累计成交金额122.85万亿元；挂牌上市固收产品13 959只，托管规模3.16万亿元，累计成交金额64.59万亿元；基金挂牌总数654只，资产规模5 499.52亿元，累计成交金额6.04万亿元。

联系电话：0755-88668888
传　　真：0755-82083947
电子邮件：cis@szse.cn
网　　址：www.szse.cn
地　　址：广东省深圳市福田区深南大道2012号
　　　　　（518038）

上海期货交易所

上海期货交易所（简称上期所）成立于1999年，是经国务院同意、中国证监会批准，实行自律管理的法人，由中国证监会直接管理。

上期所主要职能包括：为期货交易及相关的其他业务提供场所、设施和服务，制定并实施业务规则和风险管理制度，设计并安排合约上市，以及中国证监会许可的其他职能。

截至2023年底，上期所上市交易的有铜、国际铜、铝、氧化铝、锌、铅、镍、锡、黄金、白银、螺纹钢、线材、热轧卷板、不锈钢、原油、燃料油、低硫燃料油、石油沥青、天然橡胶、20号胶、丁二烯橡胶、纸浆、集运指数（欧线）23个期货品种；以及铜、铝、锌、黄金、天然橡胶、丁二烯橡胶、原油、螺纹钢、白银9个期权品种。上期所共有会员201家，投资者开户数约220.11万户，指定交割仓（厂）库126家，指定保证金存管银行16家。2023年，上期所（含子公司上海国际能源交易中心）总成交金额187.21万亿元，总成交量22.27亿手，同比分别增加3.26%和14.59%。

联系电话：021-68400000
传　　真：021-68401198
电子邮件：msc@shfe.com.cn
网　　址：www.shfe.com.cn
地　　址：中国（上海）自由贸易试验区浦电路500号（200122）

郑州商品交易所

郑州商品交易所（简称郑商所）成立于1990年10月，是国务院批准成立的首家期货市场试点单位，是实行自律管理的法人，由中国证监会直接管理。

郑商所主要职能包括：提供期货交易场所，期货合约设计与上市服务，期货交易结算与交割服务，期货交易监督，期货交易风险管理，期货交易信息服务等。

截至2023年底，郑商所上市普通小麦、优质强筋小麦、早籼稻、晚籼稻、粳稻、棉花、棉纱、油菜籽、菜籽油、菜籽粕、白糖、苹果、红枣、动力煤、甲醇、精对苯二甲酸（PTA）、玻璃、硅铁、锰硅、尿素、纯碱、短纤、花生、烧碱、对_甲苯25个期货品种，白糖、棉花、PTA、甲醇、菜籽粕、菜籽油、动力煤、花生、烧碱、对二甲苯、短纤、纯碱、硅铁、锰硅、尿素、苹果16个期权；共有会员164家，投资者开户数约275.9万户；指定交割仓（厂）库383家；指定保证金存管银行15家。2023年，累计成交量35.3亿手、累计成交金额128.4万亿元，同比分别增加47.4%、32.6%；日均持仓量1 732.9万手，同比增长52.1%。

联系电话：0371-65610069
传　　真：0371-65613068
电子邮件：czce@czce.com.cn
网　　址：www.czce.com.cn
地　　址：河南省郑州市郑东新区商务外环路30号

大连商品交易所

大连商品交易所（简称大商所）成立于1993年，是经国务院批准并由中国证监会监督管理的五家期货交易所之一。

大商所主要职能包括：提供期货、期权交易场所、设施和服务；设计合约、安排合约上市；组织并监督交易、结算和交割；制定并实施风险管理制度，控制市场风险；组织开展市场宣传和投资者教育服务；查处违规行为；中国证监会规定的其他职责。

截至2023年底，大商所场内市场已上市黄大豆1号、豆粕、黄大豆2号、玉米、豆油、线型低密度聚乙烯、聚氯乙烯、棕榈油、焦炭、焦煤、铁矿石、鸡蛋、纤维板、胶合板、聚丙烯、玉米淀粉、乙二醇、粳米、苯乙烯、液化石油气、生猪21个期货品种，以及豆粕、玉米、铁矿石、聚丙烯、聚氯乙烯、线型低密度聚乙烯、液化石油气、棕榈油、黄大豆1号、黄大豆2号、豆油、乙二醇、苯乙烯13个期权品种，其中黄大豆1号、黄大豆2号、豆油、豆粕、棕榈油期货及期权品种，铁矿石期货品种已引入境外交易者参与交易；场外市场提供标准仓单、基差交易等交易业务。大商所现有场内会员160家，投资者约219.57万户，指定交割仓库541家，指定保证金存管银行16家。2023年，大商所总成交量25.08亿手，成交金额113.62万亿元，日均持仓量1 466.06万手。

联系电话：4008618888
传　　真：0411-84808588
电子邮件：info@dce.com.cn
网　　址：www.dce.com.cn
地　　址：辽宁省大连市沙河口区会展路129号
　　　　　（116023）

中国金融期货交易所

中国金融期货交易所（简称中金所）成立于2006年9月8日，是经国务院同意、中国证监会批准的国内第一家公司制交易所，也是国内唯一专门从事金融期货期权等衍生品市场建设的交易所，由中国证监会直接管理。

中金所主要职能包括：组织安排金融期货等金融衍生品上市交易、结算和交割；制订业务管理规则；实施自律管理；发布市场交易信息；提供技术、场所、设施服务；中国证监会许可的其他职能。

截至2023年底，中金所共上市沪深300、上证50、中证500、中证1000四个股指期货产品，2年期、5年期、10年期、30年期四个国债期货产品，沪深300、中证1000、上证50三个股指期权产品。2023年，股指期货成交7 005.38万手，成交金额77.12万亿元。其中，沪深300股指期货成交2 290.22万手，成交金额26.31万亿元；上证50股指期货成交1 506.46万手，成交金额11.61万亿元；中证500股指期货成交1 717.18万手，成交金额20.30万亿元；中证1000股指期货成交1 491.53万手，成交金额18.91万亿元。国债期货成交4 567.39万手，成交金额55.78万亿元。其中，2年期国债期货成交942.73万手，成交金额19.05万亿元；5年期国债期货成交1 399.29万手，成交金额14.23万亿元；10年期国债期货成交1 903.05万手，成交金额19.30万亿元；30年期国债期货成交322.31万手，成交金额3.20万亿元。股指期权成交5 261.23万手，成交金额0.27万亿元。其中，沪深300股指期权成交2 419.85万手，成交金额0.12万亿元；上证50股指期权成交1 089.09万手，成交金额0.03万亿元；中证1000股指期权成交1 752.29万手，成交金额0.12万亿元。

联系电话：021-50160666
传　　真：021-50160606
电子邮件：zixun@cffex.com.cn
网　　址：www.cffex.com.cn
地　　址：上海市浦东新区杨高南路288号
　　　　　（200127）

广州期货交易所

广州期货交易所（简称广期所）成立于2021年4月19日，经国务院同意，由中国证监会批准设立并直接管理。广期所积极致力于服务绿色发展、粤港澳大湾区建设和国家"一带一路"倡议，坚持创新型、市场化、国际化发展方向，以产品、制度、技术创新为引领，着力打造绿色、创新型综合性期货交易所。

广期所主要职能包括：为期货交易及相关的其他业务提供场所、设施和服务，制定并实施业务规则和风险管理制度，设计并安排合约上市，证监会许可的其他职能。

2022年12月22日广期所首个品种工业硅期货上市，12月23日工业硅期权上市。2023年7月21日广期所上市交易碳酸锂期货，7月24日碳酸锂期权上市。截至2023年底，广期所共有会员143家，投资者开户数约137.72万户，指定交割仓（厂）库39家，指定保证金存管银行10家。2023年广期所期货累计成交量6 473.18万手，累计成交金额6.09万亿元，日均持仓量25.68万手。

联系电话：020-28183800
传　　真：020-28183952
电子邮件：public@gfex.com.cn
注册地址：广州市南沙区黄阁镇金茂中二街1号907房
办公地址：广州市天河区临江大道1号寺右万科中心南塔14楼

中国证券登记结算有限责任公司

中国证券登记结算有限责任公司（简称中国结算）按照《证券法》关于证券登记结算集中统一运营的要求，经国务院同意、中国证监会批准，于2001年3月30日组建成立。公司为不以营利为目的的法人，是我国具有系统重要性的金融市场基础设施之一，由中国证监会直接管理。

中国结算主要职能包括：按照《证券法》和《证券登记结算管理办法》等规定依法履行证券账户的设立和管理、证券集中登记、存管等职能，并为证券交易提供多边净额和全额等多种结算服务。服务范围涵盖沪深北交易所与全国股转系统全部上市（挂牌）证券、股票期权、沪港通、深港通、内地与香港基金互认、开放式基金、资管产品、转融通、国债期货实物交割、债券跨市场转托管等广泛领域。

截至2023年底，中国结算管理的一码通证券账户投资者数达22 406.06万人。登记存管的上海、深圳市场证券35 793只，其中托管股票5 182只，托管债券29 190只（含资产证券化产品6 599只）；北京证券交易所证券239只，全国股转系统挂牌股票6 512只。2023年1—12月，中国结算沪深市场结算总额2 348.18万亿元，日均结算总额9.70万亿元，日均结算净额2 626.56亿元，日均过户17 973.43万笔，日均过户金额8.85万亿元。

联系电话：010-66210988
传　　真：010-66210938
电子邮箱：zbshi@chinaclear.com.cn
网　　址：www.chinaclear.cn
地　　址：北京市西城区太平桥大街17号（100033）

中国证券投资者保护基金有限责任公司

中国证券投资者保护基金有限责任公司（简称投保基金公司）成立于2005年8月30日，是由国务院出资成立，归口中国证监会管理的国有独资企业。

公司主要职责包括：筹集、管理和运作证券投资者保护基金；监控证券市场交易结算资金安全，开展证券市场客户资金数据日常统计与分析；监测证券公司风险，参与证券公司风险处置；按照国家有关政策规定对被处置证券公司的债权人予以偿付；向证券公司提供流动性支持；建设、管理、运行和维护中国证监会12386服务平台；开展投资者保护状况评价与证券市场调查；参与特别代表人诉讼；管理证券期货行政执法当事人承诺金；负责办理举报奖励登记；中国证监会交办的其他业务。

截至2023年底，证券市场交易结算资金监控系统对全市场经纪业务客户的4.17亿个资金账户、1.75万亿元交易结算资金实现全面动态监控；证券公司风险监测系统实现对全行业145家证券公司重要风险线索的监测预警；12386服务平台完成一体化诉求处理系统升级建设，已累计办理投资者诉求104.79万件，为中小投资者挽回损失超4亿元；根据证监会部署，2023年担任紫晶存储欺诈发行案件先行赔付专项基金管理人，专项基金累计赔付投资者16 986人，支付赔付款约10.86亿元；开展证券市场月度调查、专题调查、市场信息采集快速调查三大类调查400余期，覆盖各类调查对象160万余人次；编制《中国资本市场投资者保护状况蓝皮书》，覆盖投保制度、稽查执法、自律组织、A股上市公司、证券公司、公募基金管理人6类主体。

联系电话：010-66580678
传　　真：010-66580616
网　　址：www.sipf.com.cn
地　　址：北京市西城区金融大街5号新盛大厦B座22层（100033）

中国证券金融股份有限公司

中国证券金融股份有限公司（简称中证金融）成立于2011年10月28日，是经国务院同意，中国证监会批准设立的全国性证券类金融机构，是中国境内从事转融通业务的金融机构，由中国证监会直接管理。

中证金融主要职能包括：为证券公司融资融券业务提供资金和证券的转融通服务；对证券公司融资融券业务运行情况进行监控；监测分析全市场融资融券交易情况，运用市场化手段防控风险；对证券公司参与股票质押式回购交易实施信息统计和风险监测；开展证券投资基金托管业务；运用市场化手段促进资本市场平稳发展；开展民营企业债券信用保护业务；经中国证监会批准同意的其他业务。

截至2023年12月31日，中证金融全年为证券公司融资融券业务提供资金和证券累计达到28 772亿元。转融通余额2 475.77亿元，其中转融资余额1 371.6亿元，转融券余额1 104.17亿元。开展融资融券业务的证券公司共96家，投资者数量684.96万名，沪深市场标的证券3 841只，融资融券余额16 508.85亿元。

联系电话：010-63211666
传　　真：010-63211601
电子邮件：csf1@csf.com.cn
网　　址：www.csf.com.cn
地　　址：北京市西城区丰盛胡同28号太平洋保险大厦B座15层（100032）

中国期货市场监控中心有限责任公司

中国期货市场监控中心有限责任公司（简称中国期货监控）是经国务院同意，中国证监会决定设立，于2006年3月成立的非营利性公司制法人，由中国证监会直接管理。

中国期货监控主要职能包括：期货市场统一开户；期货保证金安全监控；为期货投资者提供交易结算信息查询；期货市场运行监测监控；宏观和产业分析研究；期货中介机构监测监控；建设运营期货及衍生品交易报告库；代管期货投资者保障基金；为监管机构和期货交易所等提供信息服务；期货市场调查；协助风险公司处置。

截至2023年底，中国期货市场共上市交易79个期货品种，43个期货期权品种（不包含沪深交易所的9个ETF期权）。2023年全年共成交85.01亿手，成交金额568.51万亿元。

联系电话：010-66555088
传　　真：010-66555038
电子邮件：cfmmc@cfmmc.com
网　　址：www.cfmmc.com，www.cfmmc.cn
地　　址：北京市西城区金融大街5号新盛大厦B座17层（100033）

中证数据有限责任公司

中证数据有限责任公司（简称中证数据）成立于2012年9月12日，是由中国证监会直接管理的专业机构，定位为数据管理中心和业务分析中心。

中证数据主要职能包括：承担证券期货业监管大数据中心的建设、运行和维护，负责数据采集、加工、汇总、存储、管理和治理；协助统筹中国证监会监管大数据分析需求，包括统计查询、风险监测、数据挖掘及其他监管应用；根据大数据分析需求，提出大数据监管应用系统和分析软件需求，按相关规定提交开发机构开发，并参与上线测试，负责验收；按照相关规定提供数据及分析等服务；中国证监会交办的其他工作。

截至2023年底，中证数据持续从15家系统单位和12家外部单位采集数据，已汇集数据超330T。完成行业基础数据库建设阶段性目标，初步建成一套适合证监会的监管业务建模方法论，构建了覆盖证券期货业监管全域的业务领域视图，统一各方数据建设使用规范，形成340余个业务对象、3 200余个业务实体，形成4.8万个基础数据的业务定义，落地主题聚合层及数据应用门户、数据资产运营门户、架构资产管控平台"1+3"数据产品体系，并开发标准规范、口径统一的主题聚合表392张，轻度汇总表120张，指标2 718个，数据查询服务接口356个。

联系电话：010-63889092
传　　真：010-63889062
电子邮件：csdata@csdata.cn
网　　址：www.csdata.cn
地　　址：北京市西城区金融大街26号4层南区（100033）

全国中小企业股份转让系统有限责任公司

全国中小企业股份转让系统有限责任公司（简称全国股转公司）于2012年9月20日在国家工商总局注册，2013年1月16日正式揭牌运营。北京证券交易所（简称北交所）于2021年9月3日注册成立，2021年11月15日揭牌开市，由全国股转公司全资设立。全国股转公司、北京证券交易所实行一体管理，受中国证监会监督管理。

全国股转公司是全国中小企业股份转让系统（简称全国股转系统或新三板）的运营机构，主要职能包括：建立、维护和完善股票交易相关技术系统和设施；制定和修改全国股转系统业务规则；接受并审查股票挂牌及其他相关业务申请，安排符合条件的公司股票挂牌；组织、监督股票交易及相关活动；对主办券商等全国股转系统参与人进行监管；对挂牌公司及其他信息披露义务人进行监管；管理和公布全国股转系统相关信息；中国证监会批准的其他职能。

北交所主要职能包括：提供证券集中交易的场所、设施和服务；制定和修改证券交易所的业务规则；依法审核公开发行证券申请；审核、安排证券上市交易，决定证券终止上市和重新上市；提供非公开发行证券转让服务；组织和监督证券交易；对会员进行监管；对证券上市交易公司及相关信息披露义务人进行监管；对证券服务机构为证券上市、交易等提供服务的行为进行监管；管理和公布市场信息；开展投资者教育和保护；法律、行政法规规定的以及中国证监会许可、授权或者委托的其他职能。

截至2023年12月31日，全国股转系统挂牌公司6 241家，其中创新层1 883家，基础层4 358家，总市值2.20万亿元，市盈率17.63倍。2023年，全国股转系统累计成交金额612.74亿元，挂牌公司完成普通股发行573次，融资金额180.19亿元。北交所上市公司239家，总市值4 496.41亿元，平均市盈率24.20倍。2023年，北交所累计成交金额7 272.23亿元，公开发行融资146.28亿元；服务政府债券发行共156只，合计39 187.27亿元。

联系电话：010-63884676
传　　真：010-63889634
电子邮件：info@bse.cn
网　　址：www.bse.cn
地　　址：北京市西城区金融大街丁26号北京证券交易所（100033）

中国证券业协会

中国证券业协会（简称证券业协会）成立于1991年8月28日，是依据《证券法》和《社会团体登记管理条例》有关规定设立的证券业自律性组织，属于非营利性社会团体法人，接受业务主管单位中国证监会和社团登记管理机关国家民政部的业务指导和监督管理。

证券业协会主要职责包括：教育和组织会员及其从业人员遵守证券法律、行政法规，组织开展证券行业诚信建设，督促证券行业履行社会责任；依法维护会员的合法权益，向中国证监会反映会员的建议和要求；督促会员开展投资者教育和保护活动，维护投资者合法权益；制定和实施证券行业自律规则，监督、检查会员及其从业人员行为，对违反法律、行政法规、自律规则或者协会章程的，按照规定给予纪律处分或者实施其他自律管理措施；制定证券行业业务规范，组织从业人员的业务培训；组织会员就证券行业的发展、运作及有关内容进行研究，收集整理、发布证券相关信息，提供会员服务，组织行业交流，引导行业创新发展；对会员之间、会员与客户之间发生的证券业务纠纷进行调解；协会章程规定的其他职责。

截至2023年底，证券业协会共有会员482家，观察员284家。其中，会员包括法定会员（证券公司）145家，普通会员（证券投资咨询公司、资信评级机构等）257家，特别会员（地方证券业协会等）80家。

联系电话：010-66575800
传　　真：010-66575827
电子邮件：xhbgs@sac.net.cn
网　　址：www.sac.net.cn
地　　址：北京市西城区金融大街19号富凯大厦B座二层（100033）

中国期货业协会

中国期货业协会（简称期货业协会）成立于2000年12月29日，是根据《社会团体登记管理条例》和《期货交易管理条例》成立的全国期货自律性组织，为非营利性社会团体法人，接受业务主管单位中国证监会和社团登记管理机关国家民政部的业务指导和监督管理。

期货业协会以"自律、服务、传导"为基本宗旨，根据《期货和衍生品法》的规定，期货业协会履行下列职责：（一）制定和实施行业自律规则，监督、检查会员的业务活动及从业人员的执业行为，对违反法律、行政法规、国家有关规定、协会章程和自律规则的，按照规定给予纪律处分或者实施其他自律管理措施；（二）对会员之间、会员与交易者之间发生的纠纷进行调解；（三）依法维护会员的合法权益，向国务院期货监督管理机构反映会员的建议和要求；（四）组织期货从业人员的业务培训，开展会员间的业务交流；（五）教育会员和期货从业人员遵守期货法律法规和政策，组织开展行业诚信建设，建立行业诚信激励约束机制；（六）开展交易者教育和保护工作，督促会员落实交易者适当性管理制度，开展期货市场宣传；（七）对会员的信息安全工作实行自律管理，督促会员执行国家和行业信息安全相关规定和技术标准；（八）组织会员就期货行业的发展、运作及有关内容进行研究，收集整理、发布期货相关信息，提供会员服务，组织行业交流，引导行业创新发展；（九）期货业协会章程规定的其他职责。

截至2023年底，期货业协会共有会员431家，其中，法定会员150家（期货公司），普通会员196家（证券公司、资产管理公司、风险管理公司等），特别会员7家（期货交易所、中国期货市场监控中心、中证商品指数有限责任公司），联系会员78家（地方协会、银行等）。

联系电话：010-88087080
传　　真：010-88087060
电子邮件：cfa@cfachina.org
网　　址：www.cfachina.org
地　　址：北京市西城区金融大街33号通泰大厦C座8层（100033）

中国上市公司协会

中国上市公司协会（简称上市公司协会）成立于2012年2月15日，是依据《中华人民共和国证券法》和《社会团体登记管理条例》等相关规定成立，由上市公司及相关机构组成的全国性自律组织，属于会员制、非营利性的社会团体法人。接受业务主管单位中国证监会和社团登记管理机关国家民政部的业务指导和监督管理。

上市公司协会的宗旨是：遵守宪法、法律、法规及党和国家的方针政策，践行社会主义核心价值观，遵守社会道德风尚；遵循资本市场公开、公平、公正原则；恪守"服务、自律、规范、提高"的基本职责，践行服务理念，维护会员合法权益，促进提高上市公司质量，进而促进资本市场体系的完善和成熟；引导上市公司遵守公司、证券法律法规、部门规章和规范性文件，规范运作，自觉履行社会责任；倡导积极健康的股权文化和诚信文化；推动上市公司持续健康发展，增强核心竞争力和国际影响力，成为党领导下紧密联系上市公司及资本市场的新型社会组织。

截至2023年底，上市公司协会共有注册会员3 081家，其中，普通会员3 003家，联系会员29家，团体会员49家。

联系电话：010-52105263
传　　真：010-52105265
电子邮件：office@capco.org.cn
网　　址：www.capco.org.cn
地　　址：北京市东城区安定门外大街208号玖安广场A座6层（100010）

中国证券投资基金业协会

中国证券投资基金业协会（简称基金业协会）成立于2012年6月6日，是依据《中华人民共和国证券投资基金法》和《社会团体登记管理条例》成立的证券投资基金行业的自律性组织，接受业务主管单位中国证监会和社团登记管理机关国家民政部的业务指导和监督管理。

基金业协会主要职能包括：教育和组织会员遵守有关证券投资的法律、行政法规，维护投资人合法权益；依法维护会员的合法权益，反映会员的建议和要求；制定和实施行业自律规则，监督、检查会员及其从业人员的执业行为，对违反自律规则和协会章程的，按照规定给予纪律处分；制定行业执业标准和业务规范，组织基金从业人员的从业考试、资质管理和业务培训；提供会员服务，组织行业交流，推动行业创新，开展行业宣传和投资人教育活动；对会员之间、会员与客户之间发生的基金业务纠纷进行调解；依法办理非公开募集基金的登记、备案；协会章程规定的其他职责。

截至2023年底，基金业协会共有会员5 124家，其中普通会员770家，联席会员313家，观察会员3 903家，特别会员138家。

联系电话：010-66578250
传　　真：010-66578256
电子邮件：amac@amac.org.cn
网　　址：www.amac.org.cn
地　　址：北京市西城区金融街20号交通银行大厦B座9层（100033）

中证信息技术服务有限责任公司

中证信息技术服务有限责任公司（简称中证技术）成立于2013年，是中国证监会直接管理的信息技术服务机构，定位为系统开发中心，是全国金融标准化技术委员会证券分技术委员会秘书处承担单位。2019年12月，中证技术获批成为中关村高新技术企业、国家级金融科技示范区重点企业。2021年10月，中证技术获批认证机构资质。

中证技术的主要职责包括：承担证联网、监管云平台等信息基础设施的建设、运行和维护；协助统筹中国证监会监管业务系统需求，承担技术开发、建设并协助运维；协助统筹中国证监会大数据平台需求，承担应用系统、分析软件的技术开发、建设并协助运维；承担证券期货业标准与编码、信息安全、认证等服务工作；承担中国证监会交办的其他工作。

中证技术承建的证联网已接入监管机构、派出机构、核心机构、经营机构541家，已上线业务174项。2023年组织发布证券期货领域行业标准19项，分配ISIN编码39 817个、证券投资基金编码2 672个、证券投资基金参与方编码23个，对56家证券期货行业经营机构的71款App提供了安全认证服务。

联系电话：010-83141900
传　　真：010-83141991
电子邮箱：zbs@cstech.org.cn
地　　址：北京市西城区金融大街4号金益大厦
　　　　　（100033）

中证中小投资者服务中心有限责任公司

中证中小投资者服务中心有限责任公司（简称投资者服务中心）成立于2014年12月，是由中国证监会直接管理的证券金融类公益机构。

投资者服务中心主要职责包括：面向投资者开展公益性宣传和教育；公益性持有证券等品种，以股东身份或证券持有人身份行权；受投资者委托，提供调解或纠纷解决服务；为投资者提供公益性诉讼支持及其相关工作；中国投资者网站的建设、管理和运行维护；调查、监测投资者意愿和诉求，开展战略研究与规划；代表投资者，向政府机构、监管部门反映诉求；中国证监会委托的其他业务。

截至2023年12月底，投资者服务中心持有沪深北交易所5 333家上市公司股票（含科创板公司），累计行使股东权利5 619次。累计提起59起支持诉讼，提起全国首单科创板特别代表人诉讼泽达易盛案并成功调解结案，7 195名适格投资者获2.8亿余元全额赔偿。成功举办第六届"股东来了"竞赛，联合腾讯集团举办"股东来了&守护投资者"优秀投保案例征集活动，征集案例655个。创新投资者服务机制，推出"了解我的上市公司——走进蓝筹""走进地方特色"两个系列活动，带领中小投资者、财经记者等走进30家大型蓝筹上市公司和各辖区具有浓郁地方特色、综合实力强的上市公司。子公司中证资本市场法律服务中心累计受理各类证券期货纠纷21 129件，调解成功15 605件，投资者获赔金额36.97亿元，累计测算投资者损失154.9亿元。安全运维中国投资者网站，浏览量、用户数持续增长。

联系电话：021-51916213
传　　真：021-51916889
电子邮件：tfzx@isc.com.cn
地　　址：上海市浦东新区杨高南路288号15楼
　　　　　（200127）

中证商品指数有限责任公司

中证商品指数有限责任公司（简称商品指数公司）于2020年12月16日在河北雄安新区注册成立，是由中国证监会直接管理的证券期货类金融机构。

商品指数公司主要职能包括：负责设计、编制及维护包单交易所、跨交易所期货指数等相关产品；设计、编制及维护现货指数及产品；开展指数产品定制服务；为宏观经济决策、监管政策的制定提供指数产品及研究支持；开展指数相关产品授权业务；经营数据信息业务；开展指数业务相关技术服务；开展国际合作与交流；证监会批准的其他业务。

截至2023年底，商品指数公司共研发编制商品期货综合指数、商品期货板块指数、产业链指数、国债期货指数、现货指数等13个系列57条指数，已发布中证商品期货指数系列、中证中金公司商品期货综合指数、中国国债期货系列指数共3个系列6条指数。

联系电话：0312-5306301，010-83936200
传　　真：0312-5306319，010-83936264
电子邮件：info@ccidx.com
网　　址：www.ccidx.com
地　　址：中国（河北）自由贸易试验区雄安片区雄安市民服务中心企业办公区E栋2层（071700）

中证金融研究院

中证金融研究院（简称研究院）前身为北京证券期货研究院，成立于2012年6月，是由中国证监会直接管理的政策研究机构。研究院定位为决策支持中心、战略智库和理论学术基地，负责资本市场长期性、前瞻性、全局性和规律性问题的研究。研究院主要职能包括：研究宏观经济和金融市场运行动态；参与研究资本市场中长期战略规划；对资本市场法规、政策提供意见和建议；对资本市场运行质量、效率和潜在风险进行评估；对资本市场运行、发展与监管中的理论和实践问题进行专项研究；对中国证监会各司局、各单位工作中的重大事项和重要工作提供专题咨询等；协调证券期货监管系统内的研究工作；承担中国证监会博士后工作站日常管理；承担中国证监会交办的其他工作。

联系电话：010-85578300
传　　真：010-56088544，56088548
邮　　箱：contact@cifcm.com
网　　址：www.cifcm.cn
地　　址：北京市西城区金融大街26号金阳大厦8层（100033）

资本市场学院

资本市场学院（简称学院）成立于2012年12月3日，是由中国证监会和深圳市政府联合举办的资本市场专业性教育培训机构。

学院主要职能包括：资本市场专业培训和职业教育；资本市场应用型研究；资本市场监管系统培训支持服务；境内外培训交流合作；其他与资本市场培训相关的业务。

2023年，学院紧密围绕证监会中心工作，积极服务资本市场全面深化改革，面向资本市场从业人员、地方金融监管干部、党政机关领导干部、高校教师等各类群体，着眼中介机构、新闻媒体、法治行业等不同领域，重点围绕全面注册制、上市公司质量提升、防范化解金融风险、中小企业科技创新、科技监管和行业数字化转型、资本市场生态建设和双向开放等相关主题，持续推进课程研发、人才培养、应用研究、交流合作，全年共举办各类培训活动304期，对外承接培训、会议186场，短期培训系列化、中长期培训品牌化、资质性培训规范化、远程教育多样化的教培主业格局进一步形成。

联系电话：0755-26652386
传　　真：0755-26650835
电子邮件：ccmi@ccmi.edu.cn
网　　址：www.ccmi.edu.cn
地　　址：广东省深圳市南山区沁园二路2号
　　　　　（518055）

附表

附表1　中国证券期货市场主要统计数据（2013—2023年）

附表2　证券公司一览表

附表3　基金管理公司一览表

附表4　期货公司一览表

附表5　合格境外机构投资者一览表

附表6　合格境外机构投资者托管银行一览表

附表7　境外证券类机构驻华代表处一览表

附表8　境外交易所驻华代表处一览表

附表9　双边监管合作谅解备忘录一览表

附表1

中国证券期货市场主要统计数据（2013—2023年）

指标	单位	2013年	2014年	2015年	2016年	2017年	2018年	2019年	2020年	2021年	2022年	2023年
境内上市公司数（A、B股）	家	2 489	2 613	2 827	3 052	3 485	3 584	3 777	4 154	4 697	5 079	5 346
境内上市外资股（B股）	家	106	104	101	100	100	99	97	93	90	86	85
股票总发行股本（A、B股）	亿股	33 822.04	36 795.1	43 024.14	48 750.29	53 746.67	57 581.02	61 739.79	65 455.93	70 817.08	73 525.21	75 807.44
流通股本（A、B股）	亿股	29 997.12	32 289.25	37 043.37	41 136.05	45 044.87	49 047.56	52 488.06	56 353.49	60 812.4	64 356.3	68 311.56
股票市价总值（A、B股）	亿元	239 077.19	372 546.96	531 462.7	507 685.88	567 086.08	434 924.02	593 074.53	797 238.16	918 810.93	790 116.2	773 130.71
股票流通市值（A、B股）	亿元	199 579.54	315 624.31	417 880.76	393 401.68	449 298.15	353 794.19	483 327.19	643 605.29	751 556.13	664 576.44	674 341.52
股票成交金额	亿元	468 728.61	742 385.26	2 550 541.31	1 277 680.32	1 124 625.11	901 739.39	1 274 158.91	2 068 252.51	2 580 401.3	2 247 074.87	2 129 381.67
上证综合指数（收盘）	点	2 115.98	3 234.68	3 539.18	3 103.64	3 307.17	2 493.90	3 050.12	3 473.07	3 639.78	3 089.26	2 974.93
深证综合指数（收盘）	点	1 057.67	1 415.19	2 308.91	1 969.11	1 899.34	1 267.87	1 722.95	2 329.37	2 530.14	1 975.67	1 837.85
北证50指数（收盘）	点	—	—	—	—	—	—	—	—	—	942.09	1 082.68
交易所债券现券成交额	亿元	17 411.83	28 191.38	34 464.32	53 294.20	55 441.79	59 286.81	83 530.20	201 785.82	287 094.88	381 136.3	464 484.72
期货总成交量	万手	20.62	25.06	35.78	41.38	30.71	30.11	39.22	60.27	72.69	63.42	73.79
期货总成交额	亿元	126.47	127.97	136.47	177.41	163.30	210.81	290.40	437.30	580.71	534.3	567.57

注：本表中境内上市公司家数、总股本、流通股本、总市值、流通市值、股票成交金额包含上交所、深交所、北交所数据。

附表2　　证券公司一览表

序号	公司名称	外资参股情况		是否在香港地区设立分支机构
		境外股东名称	出资比例	
1	爱建证券有限责任公司			否
2	国投证券股份有限公司			是
3	北京高华证券有限责任公司			否
4	渤海证券股份有限公司			否
5	财达证券股份有限公司			否
6	财信证券股份有限公司			否
7	财通证券股份有限公司			是
8	财通证券资产管理有限公司			否
9	长城国瑞证券有限公司			否
10	长城证券股份有限公司			是
11	长江证券（上海）资产管理有限公司			否
12	长江证券承销保荐有限公司			否
13	长江证券股份有限公司			是
14	麦高证券有限责任公司			否
15	川财证券有限责任公司			否
16	大通证券股份有限公司			否
17	大同证券有限责任公司			否
18	德邦证券股份有限公司			否
19	第一创业证券承销保荐有限责任公司			否
20	第一创业证券股份有限公司			否
21	东北证券股份有限公司			否
22	东方证券承销保荐有限公司			否
23	东方证券股份有限公司			是
24	东海证券股份有限公司			是
25	东莞证券股份有限公司			否

续表

序号	公司名称	外资参股情况		是否在香港地区设立分支机构
		境外股东名称	出资比例	
26	东吴证券股份有限公司			是
27	东兴证券股份有限公司			是
28	方正证券股份有限公司			是
29	高盛（中国）证券有限责任公司	高盛集团有限公司	100.00%	否
30	光大证券股份有限公司	中国光大控股有限公司	20.73%	是
31	广发证券股份有限公司			是
32	广发证券资产管理（广东）有限公司			否
33	中信证券华南股份有限公司			否
34	国都证券股份有限公司			是
35	国海证券股份有限公司			否
36	国金证券股份有限公司			是
37	国开证券有限责任公司			否
38	国联证券股份有限公司			是
39	国盛证券有限责任公司			否
40	国泰君安证券股份有限公司			是
41	国信证券股份有限公司			是
42	国元证券股份有限公司			是
43	中天国富证券有限公司			否
44	海通证券股份有限公司			是
45	恒泰长财证券有限责任公司			否
46	恒泰证券股份有限公司			否
47	红塔证券股份有限公司			否
48	宏信证券有限责任公司			否
49	华安证券股份有限公司			是
50	华宝证券股份有限公司			否
51	华创证券有限责任公司			否
52	华福证券有限责任公司			是

续表

序号	公司名称	外资参股情况		是否在香港地区设立分支机构
		境外股东名称	出资比例	
53	华金证券股份有限公司			否
54	华林证券股份有限公司			否
55	华龙证券股份有限公司			否
56	国新证券股份有限公司			否
57	华泰联合证券有限责任公司			否
58	华泰证券（上海）资产管理有限公司			否
59	华泰证券股份有限公司			是
60	华西证券股份有限公司			否
61	华鑫证券有限责任公司			否
62	华英证券有限责任公司			否
63	江海证券有限公司			否
64	金通证券有限责任公司			否
65	金元证券股份有限公司			否
66	华源证券有限责任公司			否
67	开源证券股份有限公司			否
68	粤开证券股份有限公司			否
69	民生证券股份有限公司			否
70	摩根士丹利证券（中国）有限公司	摩根士丹利	94.06%	否
71	南京证券股份有限公司			否
72	平安证券股份有限公司			是
73	中泰证券（上海）资产管理有限公司			否
74	中泰证券股份有限公司			是
75	国融证券股份有限公司			否
76	瑞信证券（中国）有限公司	瑞士信贷银行股份有限公司	51%	否
77	瑞银证券有限责任公司	瑞士银行有限公司	67%	否
78	山西证券股份有限公司			是
79	上海东方证券资产管理有限公司			否

续表

序号	公司名称	外资参股情况		是否在香港地区设立分支机构
		境外股东名称	出资比例	
80	上海光大证券资产管理有限公司			否
81	上海国泰君安证券资产管理有限公司			否
82	上海海通证券资产管理有限公司			否
83	上海证券有限责任公司			否
84	申万宏源西部证券有限公司			否
85	申万宏源证券承销保荐有限责任公司			否
86	申万宏源证券有限公司			是
87	世纪证券有限责任公司			否
88	首创证券股份有限公司			否
89	太平洋证券股份有限公司			否
90	天风证券股份有限公司			是
91	万和证券股份有限公司			否
92	万联证券股份有限公司			否
93	五矿证券有限公司			否
94	西部证券股份有限公司			否
95	东方财富证券股份有限公司			否
96	西南证券股份有限公司			是
97	湘财证券股份有限公司			否
98	诚通证券股份有限公司			否
99	信达证券股份有限公司			是
100	兴业证券股份有限公司			是
101	兴证证券资产管理有限公司			否
102	银河金汇证券资产管理有限公司			否
103	银泰证券有限责任公司			否
104	英大证券有限责任公司			否
105	招商证券股份有限公司			是
106	招商证券资产管理有限公司			否

续表

序号	公司名称	外资参股情况		是否在香港地区设立分支机构
		境外股东名称	出资比例	
107	浙江浙商证券资产管理有限公司			否
108	浙商证券股份有限公司			否
109	中德证券有限责任公司	德意志银行股份有限公司	33.30%	否
110	中国国际金融股份有限公司	公众股东、阿布达比投资局	39.70%	是
111	方正证券承销保荐有限责任公司			否
112	中国银河证券股份有限公司			是
113	中国中金财富证券有限公司			否
114	中航证券有限公司			否
115	中山证券有限责任公司			否
116	中天证券股份有限公司			否
117	中信建投证券股份有限公司			是
118	中信证券（山东）有限责任公司			否
119	中信证券股份有限公司			是
120	中银国际证券股份有限公司	中银国际控股有限公司	33.42%	否
121	中邮证券有限责任公司			否
122	中原证券股份有限公司			是
123	联储证券有限公司			否
124	国盛证券资产管理有限公司			否
125	东证融汇证券资产管理有限公司			否
126	渤海汇金证券资产管理有限公司			否
127	申港证券股份有限公司	茂宸集团控股有限公司、裕承环球市场有限公司、嘉泰新兴资本管理有限公司	34.86%	否
128	华兴证券有限公司	华兴金融服务（香港）有限公司	63.83%	否
129	汇丰前海证券有限责任公司	香港上海汇丰银行有限公司	90%	否
130	东亚前海证券有限责任公司	东亚银行有限公司	49%	否

续表

序号	公司名称	外资参股情况		是否在香港地区设立分支机构
		境外股东名称	出资比例	
131	野村东方国际证券有限公司	野村控股株式会社	51%	否
132	摩根大通证券（中国）有限公司	J.P. Morgan International Finance Limited	100%	否
133	金圆统一证券有限公司	统一综合证券股份有限公司	49%	否
134	大和证券（中国）有限责任公司	株式会社大和证券集团总公司	51%	否
135	星展证券（中国）有限公司	星展银行有限公司	51%	否
136	安信证券资产管理有限公司			否
137	甬兴证券有限公司			否
138	上海甬兴证券资产管理有限公司			否
139	天风（上海）证券资产管理有限公司			否
140	德邦证券资产管理有限公司			否
141	国金证券资产管理有限公司			否
142	万联证券资产管理（广东）有限公司			否
143	山证（上海）资产管理有限公司			否
144	申万宏源证券资产管理有限公司			否
145	中信证券资产管理有限公司			否
146	渣打证券（中国）有限公司	渣打银行（香港）有限公司	100%	否

附表3　　基金管理公司一览表

序号	公司名称	外资参股情况		是否在境外国家或地区设立分支机构
		境外股东名称	出资比例	
1	国泰基金管理有限公司	意大利忠利集团	30%	是
2	南方基金管理股份有限公司			是
3	华夏基金管理有限公司	迈凯希金融公司	27.80%	是
4	华安基金管理有限公司			是
5	博时基金管理有限公司			是
6	鹏华基金管理有限公司	意大利欧利盛资本资产管理股份公司	49%	否
7	长盛基金管理有限公司	新加坡星展银行有限公司	33%	是
8	嘉实基金管理有限公司	德意志资产管理（亚洲）公司	30%	是
9	大成基金管理有限公司			是
10	富国基金管理有限公司	加拿大蒙特利尔银行	27.78%	是
11	易方达基金管理有限公司			是
12	宝盈基金管理有限公司			否
13	融通基金管理有限公司	日兴资产管理公司	40%	是
14	银华基金管理股份有限公司			是
15	长城基金管理有限公司			否
16	银河基金管理有限公司			否
17	宏利基金管理有限公司	宏利投资管理（新加坡）私人有限公司；宏利资产管理（香港）有限公司	100%	否
18	国投瑞银基金管理有限公司	瑞士银行有限公司	49%	否
19	万家基金管理有限公司			否
20	金鹰基金管理有限公司			否
21	招商基金管理有限公司			否
22	华宝基金管理有限公司	华平资产管理合伙	29%	是

续表

序号	公司名称	外资参股情况		是否在境外国家或地区设立分支机构
		境外股东名称	出资比例	
23	摩根士丹利华鑫基金管理有限公司	摩根士丹利国际控股公司	100%	否
24	国联安基金管理有限公司	德国安联集团	49%	否
25	海富通基金管理有限公司	法国巴黎投资管理BE控股公司	49%	否
26	长信基金管理有限责任公司			否
27	泰信基金管理有限公司			否
28	天治基金管理有限公司			否
29	景顺长城基金管理有限公司	景顺资产管理公司（英国注册）	49%	否
30	广发基金管理有限公司			是
31	兴证全球基金管理有限公司	荷兰全球人寿保险国际公司	49%	否
32	诺安基金管理有限公司			是
33	申万菱信基金管理有限公司	三菱UFJ信托银行株式会社	33%	否
34	中海基金管理有限公司	法国爱德蒙得洛希尔银行股份有限公司	25%	否
35	光大保德信基金管理有限公司	保德信投资管理有限公司	45%	否
36	华富基金管理有限公司			否
37	摩根基金管理（中国）有限公司	摩根资产管理控股公司	100%	是
38	东方基金管理股份有限公司			否
39	中银基金管理有限公司	贝莱德投资管理（英国）有限公司	16.50%	是
40	东吴基金管理有限公司			否
41	国海富兰克林基金管理有限公司	美国坦伯顿国际股份有限公司	49%	否
42	天弘基金管理有限公司			否
43	华泰柏瑞基金管理有限公司	柏瑞投资有限责任公司	49%	否
44	新华基金管理股份有限公司			否
45	汇添富基金管理股份有限公司			是
46	工银瑞信基金管理有限公司	瑞士信贷银行股份有限公司	20%	是

续表

序号	公司名称	外资参股情况		是否在境外国家或地区设立分支机构
		境外股东名称	出资比例	
47	交银施罗德基金管理有限公司	施罗德投资管理公司	30%	否
48	中信保诚基金管理有限公司	英国保诚集团股份有限公司	49%	否
49	建信基金管理有限责任公司	美国信安金融服务公司	25%	是
50	华商基金管理有限公司			否
51	汇丰晋信基金管理有限公司	汇丰环球投资管理（英国）有限公司	49%	否
52	益民基金管理有限公司			否
53	中邮创业基金管理股份有限公司	三井住友银行股份有限公司	23.68%	是
54	信达澳亚基金管理有限公司	East Topco Limited	46%	否
55	诺德基金管理有限公司			否
56	中欧基金管理有限公司	华平亚太资产管理有限公司	23.3%	是
57	金元顺安基金管理有限公司			否
58	浦银安盛基金管理有限公司	法国安盛投资管理公司	39%	否
59	农银汇理基金管理有限公司	东方汇理资产管理公司	33.33%	否
60	民生加银基金管理有限公司	加拿大皇家银行	30%	否
61	西部利得基金管理有限公司			否
62	浙商基金管理有限公司			否
63	平安基金管理有限公司	大华资产管理有限公司	17.51%	否
64	富安达基金管理有限公司			否
65	财通基金管理有限公司			否
66	方正富邦基金管理有限公司	富邦证券投资信托股份有限公司	33.30%	否
67	长安基金管理有限公司			否
68	国金基金管理有限公司			否
69	安信基金管理有限责任公司			否
70	德邦基金管理有限公司			否

续表

序号	公司名称	外资参股情况		是否在境外国家或地区设立分支机构
		境外股东名称	出资比例	
71	华宸未来基金管理有限公司	未来资产基金管理公司	25%	否
72	红塔红土基金管理有限公司			否
73	英大基金管理有限公司			否
74	江信基金管理有限公司			否
75	太平基金管理有限公司	安石投资管理有限公司	5.23%	否
76	华润元大基金管理有限公司	元大证券投资信托股份有限公司	24.50%	否
77	前海开源基金管理有限公司			否
78	东海基金管理有限责任公司			否
79	中加基金管理有限公司	加拿大丰业银行	28%	是
80	兴业基金管理有限公司			否
81	国联基金管理有限公司			否
82	北京京管泰富基金管理有限责任公司	国泰证券投资信托股份有限公司	33.30%	否
83	中信建投基金管理有限公司			否
84	上银基金管理有限公司			否
85	鑫元基金管理有限公司			否
86	永赢基金管理有限公司	华侨银行有限公司	28.51%	是
87	兴银基金管理有限责任公司			否
88	国寿安保基金管理有限公司	国家共同基金管理有限公司	14.97%	否
89	圆信永丰基金管理有限公司	永丰证券投资信托股份有限公司	49%	否
90	中金基金管理有限公司			否
91	北信瑞丰基金管理有限公司			否
92	红土创新基金管理有限公司			否
93	嘉合基金管理有限公司			否
94	创金合信基金管理有限公司			否

续表

序号	公司名称	外资参股情况		是否在境外国家或地区设立分支机构
		境外股东名称	出资比例	
95	九泰基金管理有限公司			否
96	泓德基金管理有限公司			否
97	金信基金管理有限公司			否
98	新疆前海联合基金管理有限公司			否
99	新沃基金管理有限公司			否
100	中科沃土基金管理有限公司			否
101	富荣基金管理有限公司			否
102	汇安基金管理有限责任公司			否
103	先锋基金管理有限公司			否
104	中航基金管理有限公司			否
105	华泰保兴基金管理有限公司			否
106	鹏扬基金管理有限公司			否
107	恒生前海基金管理有限公司	恒生银行有限公司	70%	否
108	格林基金管理有限公司			否
109	南华基金管理有限公司			否
110	凯石基金管理有限公司			否
111	国融基金管理有限公司			否
112	东方阿尔法基金管理有限公司			否
113	恒越基金管理有限公司			否
114	弘毅远方基金管理有限公司			否
115	合煦智远基金管理有限公司			否
116	博道基金管理有限公司			否
117	蜂巢基金管理有限公司			否
118	中庚基金管理有限公司			否
119	湘财基金管理有限公司			否
120	睿远基金管理有限公司			是

续表

序号	公司名称	外资参股情况		是否在境外国家或地区设立分支机构
		境外股东名称	出资比例	
121	朱雀基金管理有限公司			否
122	淳厚基金管理有限公司			否
123	同泰基金管理有限公司			否
124	惠升基金管理有限责任公司			否
125	西藏东财基金管理有限公司			否
126	博远基金管理有限公司			否
127	国新国证基金管理有限公司			否
128	明亚基金管理有限责任公司			否
129	贝莱德基金管理有限公司	贝莱德金融管理公司	100%	否
130	达诚基金管理有限公司			否
131	兴华基金管理有限公司			否
132	东兴基金管理有限公司			否
133	瑞达基金管理有限公司			否
134	汇泉基金管理有限公司			否
135	百嘉基金管理有限公司			否
136	尚正基金管理有限公司			否
137	易米基金管理有限公司			否
138	兴合基金管理有限公司			否
139	泰康基金管理有限公司			否
140	泉果基金管理有限公司			否
141	路博迈基金管理（中国）有限公司	路博迈投资顾问有限公司	100%	否
142	富达基金管理（中国）有限公司	富达亚洲控股私人有限公司	100%	否
143	华西基金管理有限责任公司			否
144	施罗德基金管理（中国）有限公司	施罗德投资管理公司	100%	否
145	联博基金管理有限公司	联博香港有限公司	100%	否

附表4　　期货公司一览表

序号	名称	2023年度评级	外资参股情况		是否在香港地区设立分支机构
			境外股东名称	出资比例	
1	安粮期货股份有限公司	BBB			否
2	宝城期货有限责任公司	A			否
3	北京首创期货有限责任公司	BB			否
4	倍特期货有限公司	BBB			否
5	渤海期货股份有限公司	BBB			否
6	财达期货有限公司	BBB			否
7	财信期货有限公司	BBB			否
8	长安期货有限公司	BBB			否
9	长城期货股份有限公司	BB			否
10	长江期货股份有限公司	A			否
11	晟鑫期货经纪有限公司	BB			否
12	盛达期货有限公司	B			否
13	创元期货股份有限公司	A			否
14	大地期货有限公司	BBB			是
15	大通期货经纪有限公司	C			否
16	大有期货有限公司	BBB			否
17	大越期货股份有限公司	BB			否
18	道通期货经纪有限公司	BB			否
19	第一创业期货有限责任公司	BB			否
20	东方汇金期货有限公司	CCC			否
21	东海期货有限责任公司	A			否
22	东航期货有限责任公司	BBB			否
23	东吴期货有限公司	A			否
24	东兴期货有限责任公司	BBB			否

续表

序号	名称	2023年度评级	外资参股情况		是否在香港地区设立分支机构
			境外股东名称	出资比例	
25	方正中期期货有限公司	AA			否
26	佛山金控期货有限公司	BB			否
27	福能期货股份有限公司	BBB			否
28	格林大华期货有限公司	A			否
29	冠通期货股份有限公司	BB			否
30	光大期货有限公司	AA			否
31	广发期货有限公司	AA			是
32	广州金控期货有限公司	BB			否
33	广州期货股份有限公司	A			否
34	国盛期货有限责任公司	BB			否
35	国都期货有限公司	BB			否
36	国富期货有限公司	A			否
37	国海良时期货有限公司	A			否
38	国金期货有限责任公司	BBB			否
39	国联期货股份有限公司	A			否
40	国贸期货有限公司	A			是
41	国泰君安期货有限公司	AA			否
42	国投安信期货有限公司	AA			否
43	国新国证期货有限责任公司	BB			否
44	国信期货有限责任公司	A			否
45	国元期货有限公司	A			否
46	海航期货股份有限公司	BB			否
47	海通期货股份有限公司	AA			否
48	海证期货有限公司	A			否
49	和合期货有限公司	BB			否
50	和融期货有限责任公司	BB			否

续表

序号	名称	2023年度评级	外资参股情况		是否在香港地区设立分支机构
			境外股东名称	出资比例	
51	恒力期货有限公司	BBB			否
52	恒泰期货股份有限公司	BB			否
53	恒银期货有限公司	CC			否
54	宏源期货有限公司	AA			否
55	弘业期货股份有限公司	A			是
56	红塔期货有限责任公司	BBB			否
57	华安期货有限责任公司	A			否
58	华创期货有限责任公司	BB			否
59	华金期货有限公司	BBB			否
60	华联期货有限公司	BBB			否
61	华龙期货股份有限公司	BBB			否
62	华融融达期货股份有限公司	A			否
63	华泰期货有限公司	AA			是
64	华闻期货有限公司	A			否
65	华西期货有限责任公司	A			否
66	华鑫期货有限公司	CCC			否
67	徽商期货有限责任公司	A			是
68	混沌天成期货股份有限公司	BB			是
69	建信期货有限责任公司	A			否
70	江海汇鑫期货有限公司	BB			否
71	江苏东华期货有限公司	B			否
72	江西瑞奇期货有限公司	BBB			否
73	津投期货经纪有限公司	B			否
74	金鹏期货经纪有限公司	BB			否
75	金瑞期货股份有限公司	A			是
76	金石期货有限公司	BB			否

续表

序号	名称	2023年度评级	外资参股情况		是否在香港地区设立分支机构
			境外股东名称	出资比例	
77	金信期货有限公司	B			否
78	金元期货股份有限公司	BBB			否
79	锦泰期货有限公司	BBB			否
80	九州期货有限公司	BBB			否
81	迈科期货股份有限公司	B			否
82	正信期货有限公司	B			否
83	民生期货有限公司	BB			否
84	摩根大通期货有限公司	BBB	摩根大通经纪（香港）有限公司	100%	否
85	南华期货股份有限公司	AA			是
86	宁证期货有限责任公司	BBB			否
87	平安期货有限公司	A			否
88	乾坤期货有限公司	BBB			否
89	前海期货有限公司	CCC			否
90	瑞达期货股份有限公司	AA			是
91	瑞银期货有限责任公司	BBB			否
92	山东港信期货有限公司	BBB			否
93	山东齐盛期货有限公司	BB			否
94	山金期货有限公司	BBB			否
95	山西三立期货经纪有限公司	B			否
96	上海大陆期货有限公司	BB			否
97	上海东方财富期货有限公司	A			否
98	上海东方期货经纪有限责任公司	D			否
99	上海东亚期货有限公司	BB			否
100	上海东证期货有限公司	AA			否
101	上海浙石期货经纪有限公司	BBB			否

续表

序号	名称	2023年度评级	外资参股情况		是否在香港地区设立分支机构
			境外股东名称	出资比例	
102	上海中期期货股份有限公司	BBB			否
103	深圳市中金岭南期货有限公司	BB			否
104	申银万国期货有限公司	AA			否
105	神华期货有限公司	BBB			否
106	首创京都期货有限公司	BBB			否
107	天富期货有限公司	CCC			否
108	天鸿期货经纪有限公司	CC			否
109	通惠期货有限公司	B			否
110	铜冠金源期货有限公司	BBB			否
111	五矿期货有限公司	AA			是
112	物产中大期货有限公司	A			否
113	西部期货有限公司	BBB			否
114	西南期货有限公司	BBB			否
115	先锋期货股份有限公司	BBB			否
116	新湖期货股份有限公司	AA			是
117	新纪元期货股份有限公司	CC			否
118	鑫鼎盛期货有限公司	CC			否
119	信达期货有限公司	A			否
120	兴业期货有限公司	A			否
121	兴证期货有限公司	A			否
122	一德期货有限公司	A			否
123	银河期货有限公司	AA			否
124	英大期货有限公司	BB			否
125	永安期货股份有限公司	AA			是
126	永商期货有限公司	CCC			否
127	云财富期货有限公司	BBB			否

续表

序号	名称	2023年度评级	外资参股情况		是否在香港地区设立分支机构
			境外股东名称	出资比例	
128	云晨期货有限责任公司	BB			否
129	招商期货有限公司	AA			否
130	浙江新世纪期货有限公司	BB			否
131	浙商期货有限公司	AA			是
132	中财期货有限公司	BBB			否
133	中电投先融期货股份有限公司	BB			否
134	中钢期货有限公司	BBB			否
135	中国国际期货股份有限公司	A			是
136	中航期货有限公司	BB			否
137	中辉期货有限公司	BBB			否
138	中金财富期货有限公司	A			否
139	中金期货有限公司	A			否
140	中粮期货有限公司	AA			是
141	中融汇信期货有限公司	BBB			否
142	中泰期货股份有限公司	AA			是
143	中天期货有限责任公司	BB			否
144	中信建投期货有限公司	AA			否
145	中信期货有限公司	AA			是
146	中衍期货有限公司	BBB			否
147	中银国际期货有限责任公司	BBB			否
148	中原期货股份有限公司	BB			否
149	中州期货有限公司	BB			否
150	紫金天风期货股份有限公司	A			否

附表5　　合格境外机构投资者一览表

序号	中文名称	注册地	批准日期	主托管行
1	瑞士银行	瑞士	2003/5/23	花旗银行
2	野村证券株式会社	日本	2003/5/23	农业银行
3	摩根士丹利国际股份有限公司	英国	2003/6/5	汇丰银行
4	花旗环球金融有限公司	英国	2003/6/5	德意志银行
5	高盛公司	美国	2003/7/4	汇丰银行
6	德意志银行	德国	2003/7/30	花旗银行
7	香港上海汇丰银行有限公司	中国香港	2003/8/4	建设银行
8	摩根大通银行	美国	2003/9/30	汇丰银行
9	瑞士信贷（香港）有限公司	中国香港	2003/10/24	汇丰银行
10	渣打银行（香港）有限公司	中国香港	2003/12/11	中国银行
11	日兴资产管理有限公司	日本	2003/12/11	交通银行
12	美林国际	英国	2004/4/30	汇丰银行
13	恒生银行有限公司	中国香港	2004/5/10	建设银行
14	大和证券株式会社	日本	2004/5/10	工商银行
15	比尔及梅林达盖茨信托基金会	美国	2004/7/19	汇丰银行
16	景顺资产管理有限公司	英国	2004/8/4	中国银行
17	法国兴业银行	法国	2004/9/2	汇丰银行
18	巴克莱银行	英国	2004/9/15	渣打银行
19	德国商业银行	德国	2004/9/27	工商银行
20	法国巴黎银行	法国	2004/9/29	工商银行
21	加拿大鲍尔公司	加拿大	2004/10/15	建设银行
22	东方汇理银行	法国	2004/10/15	汇丰银行
23	高盛国际资产管理公司	英国	2005/5/9	汇丰银行
24	马丁可利投资管理有限公司	英国	2005/10/25	花旗银行
25	新加坡政府投资有限公司	新加坡	2005/10/25	渣打银行
26	柏瑞投资有限责任公司	美国	2005/11/14	中国银行

续表

序号	中文名称	注册地	批准日期	主托管行
27	淡马锡富敦投资有限公司	新加坡	2005/11/15	汇丰银行
28	日本第一生命保险株式会社	日本	2005/12/28	中国银行
29	星展银行有限公司	新加坡	2006/2/13	农业银行
30	加拿大丰业银行	加拿大	2006/4/10	中国银行
31	比联金融产品英国有限公司	英国	2006/4/10	花旗银行
32	爱德蒙得洛希尔（法国）	法国	2006/4/10	中国银行
33	耶鲁大学	美国	2006/4/14	汇丰银行
34	摩根士丹利投资管理公司	美国	2006/7/7	汇丰银行
35	瀚亚投资（香港）有限公司	中国香港	2006/7/7	农业银行
36	斯坦福大学	美国	2006/8/5	汇丰银行
37	大华银行有限公司	新加坡	2006/8/5	工商银行
38	施罗德投资管理有限公司	英国	2006/8/29	交通银行
39	汇丰环球投资管理（香港）有限公司	中国香港	2006/9/5	交通银行
40	瑞穗证券株式会社	日本	2006/9/5	建设银行
41	三井住友德思资产管理株式会社	日本	2006/9/25	花旗银行
42	瑞银资产管理（新加坡）有限公司	新加坡	2006/9/25	汇丰银行
43	挪威中央银行	挪威	2006/10/24	花旗银行
44	百达资产管理有限公司	英国	2006/10/25	汇丰银行
45	哥伦比亚大学	美国	2008/3/12	汇丰银行
46	荷宝基金管理公司	荷兰	2008/5/5	德意志银行
47	道富环球投资管理亚洲有限公司	中国香港	2008/5/16	建设银行
48	比利时联合资产管理有限公司	比利时	2008/6/2	工商银行
49	铂金投资管理有限公司	澳大利亚	2008/6/2	汇丰银行
50	未来资产基金管理公司	韩国	2008/7/25	工商银行
51	安达国际控股有限公司	美国	2008/8/5	工商银行
52	魁北克储蓄投资集团	加拿大	2008/8/22	汇丰银行
53	哈佛大学	美国	2008/8/22	工商银行
54	三星资产运用株式会社	韩国	2008/8/25	汇丰银行

续表

序号	中文名称	注册地	批准日期	主托管行
55	联博有限公司	英国	2008/8/28	汇丰银行
56	新加坡华侨银行股份有限公司	新加坡	2008/8/28	建设银行
57	首源投资（英国）有限公司	英国	2008/9/11	花旗银行
58	大和资产管理株式会社	日本	2008/9/11	汇丰银行
59	普徕仕投资公司	美国	2008/9/12	汇丰银行
60	壳牌资产管理有限公司	荷兰	2008/9/12	花旗银行
61	瑞士信贷银行股份有限公司	瑞士	2008/10/14	工商银行
62	大华资产管理有限公司	新加坡	2008/11/28	工商银行
63	阿布达比投资局	阿联酋	2008/12/3	汇丰银行
64	安联环球投资有限公司	德国	2008/12/16	汇丰银行
65	资本国际公司	美国	2008/12/18	汇丰银行
66	三菱日联摩根士丹利证券股份有限公司	日本	2008/12/29	中国银行
67	韩华资产运用株式会社	韩国	2009/2/5	工商银行
68	韩国产业银行	韩国	2009/4/23	建设银行
69	韩国友利银行股份有限公司	韩国	2009/5/4	工商银行
70	马来西亚国家银行	马来西亚	2009/5/19	汇丰银行
71	邓普顿投资顾问有限公司	美国	2009/6/5	汇丰银行
72	东亚联丰投资管理有限公司	中国香港	2009/6/18	工商银行
73	三井住友信托银行股份有限公司	日本	2009/6/26	花旗银行
74	韩国投资信托运用株式会社	韩国	2009/7/21	工商银行
75	霸菱资产管理有限公司	英国	2009/8/6	汇丰银行
76	安石投资管理有限公司	英国	2009/9/14	汇丰银行
77	纽约梅隆资产管理国际有限公司	英国	2009/11/6	建设银行
78	宏利投资管理（香港）有限公司	中国香港	2009/11/20	工商银行
79	野村资产管理株式会社	日本	2009/11/23	工商银行
80	友利资产运用株式会社	韩国	2009/12/11	汇丰银行
81	加拿大皇家银行	加拿大	2009/12/23	工商银行
82	英杰华投资集团全球服务有限公司	英国	2009/12/28	工商银行

续表

序号	中文名称	注册地	批准日期	主托管行
83	顶峰资产管理有限公司	日本	2010/4/20	汇丰银行
84	欧菲资产管理公司	法国	2010/5/21	渣打银行
85	安本亚洲有限公司	新加坡	2010/7/6	花旗银行
86	KB资产运用	韩国	2010/8/9	花旗银行
87	富达基金（香港）有限公司	中国香港	2010/9/1	汇丰银行
88	香港金融管理局	中国香港	2010/10/27	花旗银行
89	富邦证券投资信托股份有限公司	中国台湾	2010/10/29	建设银行
90	群益证券投资信托股份有限公司	中国台湾	2010/10/29	汇丰银行
91	蒙特利尔银行投资公司	加拿大	2010/12/6	工商银行
92	瑞士宝盛银行	瑞士	2010/12/14	花旗银行
93	科提比资产运用株式会社	韩国	2010/12/28	建设银行
94	领先资产管理	法国	2011/2/16	建设银行
95	元大证券投资信托股份有限公司	中国台湾	2011/3/4	农业银行
96	忠利保险有限公司	意大利	2011/3/18	工商银行
97	西班牙对外银行有限公司	西班牙	2011/5/6	中信银行
98	国泰证券投资信托股份有限公司	中国台湾	2011/6/9	农业银行
99	复华证券投资信托股份有限公司	中国台湾	2011/6/9	花旗银行
100	亢简资产管理公司	法国	2011/6/24	德意志银行
101	贝莱德机构信托公司	美国	2011/7/14	汇丰银行
102	东方汇理资产管理香港有限公司	中国香港	2011/7/14	建设银行
103	GMO有限责任公司	美国	2011/8/9	汇丰银行
104	新加坡金融管理局	新加坡	2011/10/8	汇丰银行
105	中国人寿保险股份有限公司（台湾）	中国台湾	2011/10/26	建设银行
106	新光人寿保险股份有限公司	中国台湾	2011/10/26	中国银行
107	普林斯顿大学	美国	2011/11/25	汇丰银行
108	泛达公司	美国	2011/12/9	工商银行
109	加拿大年金计划投资委员会	加拿大	2011/12/9	汇丰银行
110	瀚博环球投资公司	美国	2011/12/13	渣打银行

续表

序号	中文名称	注册地	批准日期	主托管行
111	安耐德合伙人有限公司	美国	2011/12/13	建设银行
112	泰国银行	泰国	2011/12/16	汇丰银行
113	博时基金（国际）有限公司	中国香港	2011/12/21	汇丰银行
114	大成国际资产管理有限公司	中国香港	2011/12/21	中国银行
115	华安资产管理（香港）有限公司	中国香港	2011/12/21	建设银行
116	科威特政府投资局	科威特	2011/12/21	工商银行
117	北美信托环球投资公司	英国	2011/12/21	交通银行
118	台湾人寿保险股份有限公司	中国台湾	2011/12/21	工商银行
119	韩国银行	韩国	2011/12/21	汇丰银行
120	华夏基金（香港）有限公司	中国香港	2011/12/21	花旗银行
121	汇添富资产管理（香港）有限公司	中国香港	2011/12/21	中国银行
122	嘉实国际资产管理有限公司	中国香港	2011/12/21	汇丰银行
123	南方东英资产管理有限公司	中国香港	2011/12/21	汇丰银行
124	易方达资产管理（香港）有限公司	中国香港	2011/12/21	建设银行
125	中国国际金融（国际）有限公司	中国香港	2011/12/22	渣打银行
126	国信证券（香港）金融控股有限公司	中国香港	2011/12/22	中国银行
127	光大证券金融控股有限公司	中国香港	2011/12/22	工商银行
128	华泰金融控股（香港）有限公司	中国香港	2011/12/22	中国银行
129	国泰君安金融控股有限公司	中国香港	2011/12/22	工商银行
130	海通国际控股有限公司	中国香港	2011/12/22	汇丰银行
131	广发控股（香港）有限公司	中国香港	2011/12/22	工商银行
132	招商证券国际有限公司	中国香港	2011/12/22	交通银行
133	申万宏源（国际）集团有限公司	中国香港	2011/12/22	交通银行
134	中信证券国际有限公司	中国香港	2011/12/22	中国银行
135	安信国际金融控股有限公司	中国香港	2011/12/22	中国银行
136	国元国际控股有限公司	中国香港	2011/12/22	汇丰银行
137	安大略省教师养老金计划委员会	加拿大	2011/12/22	汇丰银行
138	罗素投资爱尔兰有限公司	爱尔兰	2011/12/28	汇丰银行

续表

序号	中文名称	注册地	批准日期	主托管行
139	韩国投资公司	韩国	2011/12/28	汇丰银行
140	迈世勒资产管理有限责任公司	德国	2011/12/31	工商银行
141	华宜资产运用有限公司	韩国	2011/12/31	工商银行
142	国民年金公团（韩国）	韩国	2012/1/5	汇丰银行
143	新韩资产运用株式会社	韩国	2012/1/5	汇丰银行
144	三商美邦人寿保险股份有限公司	中国台湾	2012/1/30	汇丰银行
145	保德信证券投资信托股份有限公司	中国台湾	2012/1/31	汇丰银行
146	信安环球投资有限公司	美国	2012/1/31	建设银行
147	全球人寿保险股份有限公司	中国台湾	2012/2/3	花旗银行
148	大众信托基金有限公司	马来西亚	2012/2/3	花旗银行
149	明治安田资产管理有限公司	日本	2012/2/27	花旗银行
150	国泰人寿保险股份有限公司	中国台湾	2012/2/28	中国银行
151	富邦人寿保险股份有限公司	中国台湾	2012/3/1	花旗银行
152	友邦保险有限公司	中国香港	2012/3/5	中国银行
153	纽伯格伯曼欧洲有限公司	英国	2012/3/5	工商银行
154	马来西亚国库控股公司	马来西亚	2012/3/7	工商银行
155	资本研究与管理公司	美国	2012/3/9	汇丰银行
156	日本东京海上资产管理株式会社	日本	2012/3/14	汇丰银行
157	韩亚证券株式会社	韩国	2012/3/29	汇丰银行
158	兴元资产管理有限公司	美国	2012/3/30	德意志银行
159	伦敦市投资管理有限公司	英国	2012/3/30	汇丰银行
160	摩根资产管理（英国）有限公司	英国	2012/3/30	工商银行
161	思佰益冈三资产管理股份有限公司	日本	2012/3/30	汇丰银行
162	预知投资管理公司	南非	2012/4/18	工商银行
163	东部资产运用株式会社	韩国	2012/4/20	建设银行
164	骏利亨德森投资英国有限公司	英国	2012/4/28	渣打银行
165	欧利盛资产管理有限公司	卢森堡	2012/5/2	工商银行
166	中银国际英国保诚资产管理有限公司	中国香港	2012/5/3	渣打银行

续表

序号	中文名称	注册地	批准日期	主托管行
167	富敦资金管理有限公司	新加坡	2012/5/4	汇丰银行
168	利安资金管理公司	新加坡	2012/5/7	中国银行
169	忠利银行基金管理卢森堡有限责任公司	卢森堡	2012/5/23	建设银行
170	威廉博莱公司	美国	2012/5/24	汇丰银行
171	晋达英国有限公司	英国	2012/5/28	汇丰银行
172	安智投资管理亚太（香港）有限公司	中国香港	2012/6/4	花旗银行
173	三菱日联国际资产管理公司	日本	2012/6/4	汇丰银行
174	中银集团人寿保险有限公司	中国香港	2012/7/12	农业银行
175	霍尔资本有限公司	美国	2012/8/6	花旗银行
176	得克萨斯大学体系董事会	美国	2012/8/6	汇丰银行
177	南山人寿保险股份有限公司	中国台湾	2012/8/6	工商银行
178	工银瑞信资产管理（国际）有限公司	中国香港	2012/8/7	汇丰银行
179	广发国际资产管理有限公司	中国香港	2012/8/7	工商银行
180	SUVA瑞士国家工伤保险机构	瑞士	2012/8/13	花旗银行
181	不列颠哥伦比亚省投资管理公司	加拿大	2012/8/17	汇丰银行
182	惠理基金管理香港有限公司	中国香港	2012/8/21	汇丰银行
183	安大略退休金管理委员会	加拿大	2012/8/29	汇丰银行
184	教会养老基金	美国	2012/8/31	工商银行
185	麦格理银行有限公司	澳大利亚	2012/9/4	汇丰银行
186	海通国际资产管理（香港）有限公司	中国香港	2012/9/20	交通银行
187	IDG资本管理（香港）有限公司	中国香港	2012/9/20	建设银行
188	瑞典第二国家养老金	瑞典	2012/9/20	汇丰银行
189	杜克大学	美国	2012/9/24	工商银行
190	卡塔尔控股有限责任公司	卡塔尔	2012/9/25	农业银行
191	瑞士盈丰银行股份有限公司	瑞士	2012/9/26	花旗银行
192	贝莱德资产管理北亚有限公司	中国香港	2012/10/26	汇丰银行
193	海拓投资管理公司	美国	2012/10/26	中国银行
194	奥博医疗顾问有限公司	美国	2012/10/26	花旗银行

续表

序号	中文名称	注册地	批准日期	主托管行
195	新思路投资有限公司	新加坡	2012/10/26	汇丰银行
196	摩根证券投资信托股份有限公司	中国台湾	2012/11/5	建设银行
197	全球保险集团美国投资管理有限公司	美国	2012/11/5	花旗银行
198	鼎晖投资咨询新加坡有限公司	新加坡	2012/11/7	建设银行
199	瑞典北欧斯安银行有限公司	瑞典	2012/11/12	中国银行
200	道明资产管理公司	加拿大	2012/11/21	汇丰银行
201	统一证券投资信托股份有限公司	中国台湾	2012/11/21	汇丰银行
202	毕盛资产管理有限公司	新加坡	2012/11/27	建设银行
203	中信里昂资产管理有限公司	中国香港	2012/12/11	工商银行
204	太平洋投资策略有限公司	中国香港	2012/12/11	建设银行
205	HHLR管理有限公司	新加坡	2012/12/11	建设银行
206	永丰证券投资信托股份有限公司	中国台湾	2012/12/13	工商银行
207	富国资产管理（香港）有限公司	中国香港	2012/12/17	汇丰银行
208	宜思投资管理有限责任公司	瑞典	2013/1/7	花旗银行
209	第一金证券投资信托股份有限公司	中国台湾	2013/1/24	汇丰银行
210	瑞银资产管理（香港）有限公司	中国香港	2013/1/24	汇丰银行
211	太平洋投资管理公司亚洲私营有限公司	新加坡	2013/1/24	汇丰银行
212	EJS投资管理有限公司	瑞士	2013/1/31	交通银行
213	国泰君安资产管理（亚洲）有限公司	中国香港	2013/2/21	交通银行
214	诺安基金（香港）有限公司	中国香港	2013/2/22	工商银行
215	招商证券资产管理（香港）有限公司	中国香港	2013/2/22	交通银行
216	泰康资产管理（香港）有限公司	中国香港	2013/2/22	工商银行
217	国民证券株式会社	韩国	2013/3/22	建设银行
218	工银资管（全球）有限公司	中国香港	2013/3/25	建设银行
219	建银国际资产管理有限公司	中国香港	2013/3/25	工商银行
220	Azimut投资股份有限公司	卢森堡	2013/4/11	汇丰银行
221	亚洲资本再保险集团私人有限公司	新加坡	2013/4/11	花旗银行
222	兴证（香港）金融控股有限公司	中国香港	2013/4/25	兴业银行

续表

序号	中文名称	注册地	批准日期	主托管行
223	台新证券投资信托股份有限公司	中国台湾	2013/4/27	建设银行
224	汇丰证券投资信托股份有限公司	中国台湾	2013/5/10	交通银行
225	农银国际资产管理有限公司	中国香港	2013/5/15	中国银行
226	太平资产管理（香港）有限公司	中国香港	2013/5/15	建设银行
227	东吴证券（国际）金融控股有限公司	中国香港	2013/5/16	中国银行
228	中国国际金融香港资产管理有限公司	中国香港	2013/5/16	建设银行
229	东方金融控股（香港）有限公司	中国香港	2013/5/23	中国银行
230	中国光大资产管理有限公司	中国香港	2013/5/30	汇丰银行
231	恒生投资管理有限公司	中国香港	2013/6/4	建设银行
232	兆丰国际证券投资信托股份有限公司	中国台湾	2013/6/4	德意志银行
233	法国巴黎投资管理亚洲有限公司	中国香港	2013/6/19	中国银行
234	圣母大学	美国	2013/6/19	汇丰银行
235	横华国际资产管理有限公司	中国香港	2013/7/15	交通银行
236	长江证券国际金融集团有限公司	中国香港	2013/7/15	中国银行
237	纽堡亚洲	美国	2013/7/15	汇丰银行
238	华南永昌证券投资信托股份有限公司	中国台湾	2013/7/15	花旗银行
239	景林资产管理香港有限公司	中国香港	2013/7/15	汇丰银行
240	中银香港资产管理有限公司	中国香港	2013/7/15	农业银行
241	中国平安资产管理（香港）有限公司	中国香港	2013/7/19	中国银行
242	信达国际资产管理有限公司	中国香港	2013/7/19	建设银行
243	弘收投资管理（香港）有限公司	中国香港	2013/7/19	工商银行
244	东亚银行有限公司	中国香港	2013/8/15	中国银行
245	永丰金资产管理（亚洲）有限公司	中国香港	2013/8/15	工商银行
246	交银国际资产管理有限公司	中国香港	2013/8/20	汇丰银行
247	中国东方国际资产管理有限公司	中国香港	2013/8/20	中国银行
248	中国信托人寿保险股份有限公司	中国台湾	2013/8/20	中国银行
249	凯思博投资管理（香港）有限公司	中国香港	2013/8/20	工商银行
250	富邦产物保险股份有限公司	中国台湾	2013/8/26	工商银行

续表

序号	中文名称	注册地	批准日期	主托管行
251	欧特咨询有限公司	英国	2013/8/26	汇丰银行
252	盛树投资管理有限公司	新加坡	2013/8/26	汇丰银行
253	柏瑞投资香港有限公司	中国香港	2013/9/26	汇丰银行
254	创兴银行有限公司	中国香港	2013/9/26	建设银行
255	梅奥诊所	美国	2013/9/29	汇丰银行
256	国信证券（香港）资产管理有限公司	中国香港	2013/9/29	工商银行
257	政府养老基金（泰国）	泰国	2013/10/24	建设银行
258	CSAM资产管理有限公司	新加坡	2013/10/30	建设银行
259	摩根资产管理（亚太）有限公司	中国香港	2013/10/30	建设银行
260	未来资产环球投资（香港）有限公司	中国香港	2013/10/30	花旗银行
261	香港沪光国际投资管理有限公司	中国香港	2013/10/30	中国银行
262	中信建投（国际）金融控股有限公司	中国香港	2013/10/30	中国银行
263	狮诚控股国际私人有限公司	新加坡	2013/10/30	汇丰银行
264	中国人寿富兰克林资产管理有限公司	中国香港	2013/10/30	建设银行
265	瑞银韩亚资产运用株式会社	韩国	2013/10/31	汇丰银行
266	国泰世华商业银行股份有限公司	中国台湾	2013/11/7	工商银行
267	立陶宛银行	立陶宛	2013/11/23	汇丰银行
268	富兰克林华美证券投资信托股份有限公司	中国台湾	2013/11/23	农业银行
269	中国信托商业银行股份有限公司	中国台湾	2013/11/23	中国银行
270	国金证券（香港）有限公司	中国香港	2013/12/6	建设银行
271	中国银河国际控股有限公司	中国香港	2013/12/11	汇丰银行
272	招商永隆资产管理有限公司	中国香港	2013/12/30	交通银行
273	华宝资产管理（香港）有限公司	中国香港	2014/1/20	中国银行
274	易亚投资管理有限公司	中国香港	2014/1/20	德意志银行
275	华盛顿大学	美国	2014/1/23	汇丰银行
276	澳门金融管理局	中国澳门	2014/1/27	中国银行
277	史帝夫尼可洛司股份有限公司	美国	2014/1/27	汇丰银行
278	Invesco Power Shares资产管理有限公司	美国	2014/1/27	建设银行

续表

序号	中文名称	注册地	批准日期	主托管行
279	瑞士再保险私人有限公司	瑞士	2014/1/27	花旗银行
280	Nordea投资管理公司	瑞典	2014/1/27	汇丰银行
281	嘉理资产管理有限公司	中国香港	2014/3/6	建设银行
282	施罗德投资管理（香港）有限公司	中国香港	2014/3/6	汇丰银行
283	街口证券投资信托股份有限公司	中国台湾	2014/3/11	工商银行
284	喀斯喀特有限责任公司	美国	2014/3/11	德意志银行
285	铭基国际投资公司	美国	2014/3/12	汇丰银行
286	奥本海默基金公司	美国	2014/3/19	汇丰银行
287	越秀资产管理有限公司	中国香港	2014/3/26	德意志银行
288	润晖投资管理香港有限公司	中国香港	2014/3/27	建设银行
289	高观投资有限公司	中国香港	2014/4/8	汇丰银行
290	赤子之心资本亚洲有限公司	中国香港	2014/4/15	花旗银行
291	招商资产（香港）有限公司	中国香港	2014/5/21	交通银行
292	日兴资产管理亚洲有限公司	新加坡	2014/5/21	汇丰银行
293	辉立资本管理（香港）有限公司	中国香港	2014/6/3	渣打银行
294	台新国际商业银行股份有限公司	中国台湾	2014/6/3	建设银行
295	长盛基金（香港）有限公司	中国香港	2014/6/12	工商银行
296	贝莱德顾问（英国）有限公司	英国	2014/6/13	汇丰银行
297	汇丰环球资产管理（英国）有限公司	英国	2014/6/16	交通银行
298	花旗集团基金管理有限公司	中国香港	2014/6/16	德意志银行
299	中泰金融国际有限公司	中国香港	2014/6/27	交通银行
300	三星资产运用（香港）有限公司	中国香港	2014/6/30	汇丰银行
301	爱斯普乐基金管理公司	韩国	2014/7/24	花旗银行
302	新华资产管理（香港）有限公司	中国香港	2014/7/24	建设银行
303	彭博家族基金会	美国	2014/7/25	汇丰银行
304	元富证券（香港）有限公司	中国香港	2014/7/28	渣打银行
305	石溪集团	美国	2014/7/28	花旗银行
306	财通国际资产管理有限公司	中国香港	2014/8/12	工商银行

续表

序号	中文名称	注册地	批准日期	主托管行
307	联博香港有限公司	中国香港	2014/8/12	建设银行
308	元大证券（香港）有限公司	中国香港	2014/8/15	中国银行
309	安本亚洲有限公司	新加坡	2014/8/15	花旗银行
310	法国巴黎资产管理（法国）	法国	2014/8/27	汇丰银行
311	晋达英国有限公司	英国	2014/8/28	汇丰银行
312	凯敏雅克资产管理公司	法国	2014/9/19	汇丰银行
313	麻省理工学院	美国	2014/9/19	汇丰银行
314	万金全球香港有限公司	中国香港	2014/9/22	花旗银行
315	高盛国际	英国	2014/9/22	汇丰银行
316	安盛基金管理有限公司	卢森堡	2014/10/8	汇丰银行
317	融通国际资产管理有限公司	中国香港	2014/10/8	工商银行
318	上海商业银行有限公司	中国香港	2014/10/13	交通银行
319	中诚国际资本有限公司	中国香港	2014/10/31	交通银行
320	亨茂资产管理有限公司	中国香港	2014/11/19	工商银行
321	赛德堡资本（英国）有限公司	英国	2014/11/19	建设银行
322	霸菱资产管理（亚洲）有限公司	中国香港	2014/11/25	汇丰银行
323	信安资金管理（亚洲）有限公司	中国香港	2014/11/25	建设银行
324	施罗德投资管理（新加坡）有限公司	新加坡	2014/12/1	汇丰银行
325	未来资产环球投资有限公司	韩国	2014/12/4	工商银行
326	威灵顿投资管理国际有限公司	英国	2014/12/10	汇丰银行
327	摩根资产管理（新加坡）有限公司	新加坡	2014/12/24	建设银行
328	NH-AMUNDI资产管理有限公司	韩国	2014/12/26	汇丰银行
329	加百利投资管理（香港）有限公司	中国香港	2014/12/26	中国银行
330	申万宏源投资管理（亚洲）有限公司	中国香港	2014/12/30	工商银行
331	宾夕法尼亚大学校董会	美国	2015/1/5	汇丰银行
332	广发资产管理（香港）有限公司	中国香港	2015/1/7	工商银行
333	路伯迈新加坡有限公司	新加坡	2015/1/22	渣打银行
334	TRUSTON资产管理有限公司	韩国	2015/1/22	汇丰银行

续表

序号	中文名称	注册地	批准日期	主托管行
335	大信资产运用株式会社	韩国	2015/1/22	中国银行
336	麦盛资产管理（亚洲）有限公司	中国香港	2015/1/22	兴业银行
337	景顺投资管理有限公司	中国香港	2015/2/6	汇丰银行
338	MY Asset投资管理有限公司	韩国	2015/2/6	汇丰银行
339	新韩投资证券股份有限公司	韩国	2015/2/16	汇丰银行
340	兴国资产管理公司	韩国	2015/2/16	汇丰银行
341	英杰华投资亚洲私人有限公司	新加坡	2015/2/17	汇丰银行
342	玉山商业银行股份有限公司	中国台湾	2015/2/27	中国银行
343	KKR新加坡有限公司	新加坡	2015/3/2	建设银行
344	领航投资澳洲有限公司	澳大利亚	2015/3/2	汇丰银行
345	兴元投资管理有限公司	英国	2015/3/6	德意志银行
346	未来资产证券株式会社	韩国	2015/3/25	汇丰银行
347	加利福尼亚大学校董会	美国	2015/3/25	德意志银行
348	信诚资产管理（新加坡）有限公司	新加坡	2015/3/31	德意志银行
349	三星生命保险（株）	韩国	2015/3/31	中国银行
350	教保安盛资产运用（株）	韩国	2015/4/2	汇丰银行
351	迈睿思资产管理有限公司	韩国	2015/4/8	交通银行
352	安联环球投资新加坡有限公司	新加坡	2015/4/8	汇丰银行
353	方圆基金管理（香港）有限公司	中国香港	2015/4/8	中国银行
354	三星证券株式会社	韩国	2015/4/17	汇丰银行
355	GAM国际管理有限公司	英国	2015/4/17	汇丰银行
356	华宜资产运用株式会社	韩国	2015/5/6	工商银行
357	文莱投资局	文莱	2015/5/7	渣打银行
358	台湾银行股份有限公司	中国台湾	2015/5/20	汇丰银行
359	淡水泉（香港）投资管理有限公司	中国香港	2015/5/20	汇丰银行
360	安联证券投资信托股份有限公司	中国台湾	2015/5/21	德意志银行
361	瑞士再保险股份有限公司	瑞士	2015/6/2	汇丰银行
362	安信资产管理（香港）有限公司	中国香港	2015/6/2	渣打银行

续表

序号	中文名称	注册地	批准日期	主托管行
363	日盛证券投资信托股份有限公司	中国台湾	2015/6/2	德意志银行
364	蓝海资产管理公司	英国	2015/6/26	汇丰银行
365	KB资产运用有限公司	韩国	2015/6/29	汇丰银行
366	CI投资管理公司	加拿大	2015/6/29	汇丰银行
367	泛亚投资管理有限公司	瑞士	2015/6/29	汇丰银行
368	元大证券株式会社	韩国	2015/7/28	汇丰银行
369	大信证券（株）	韩国	2015/7/28	汇丰银行
370	UBI资产管理公司	法国	2015/7/28	工商银行
371	韩国投资证券株式会社	韩国	2015/8/10	汇丰银行
372	IBK投资证券株式会社	韩国	2015/8/10	汇丰银行
373	三星火灾海上保险公司	韩国	2015/8/31	汇丰银行
374	东方汇理资产管理新加坡有限公司	新加坡	2015/8/31	农业银行
375	Multi Asset基金管理公司	韩国	2015/8/31	汇丰银行
376	忠诚保险有限公司	葡萄牙	2015/8/31	工商银行
377	东方汇理资产管理	法国	2015/9/17	汇丰银行
378	Kiwoom投资资产管理有限公司	韩国	2015/9/23	汇丰银行
379	现代投资公司（株）	韩国	2015/10/9	汇丰银行
380	挚信投资顾问（香港）有限公司	中国香港	2015/10/12	汇丰银行
381	中国工商银行（欧洲）有限公司	卢森堡	2015/11/2	汇丰银行
382	瀚亚证券投资信托股份有限公司	中国台湾	2015/11/2	汇丰银行
383	中国银行（欧洲）有限公司	卢森堡	2015/11/3	渣打银行
384	柏瑞证券投资信托股份有限公司	中国台湾	2015/11/24	花旗银行
385	保宁资产有限公司	英国	2016/1/13	花旗银行
386	贝莱德（新加坡）有限公司	新加坡	2016/1/25	汇丰银行
387	野村资产管理欧洲有限公司	德国	2016/2/1	汇丰银行
388	法国工商信贷银行有限公司	法国	2016/2/22	渣打银行
389	忠利投资卢森堡有限公司	卢森堡	2016/2/22	建设银行
390	OCTO资产管理公司	法国	2016/2/26	工商银行

续表

序号	中文名称	注册地	批准日期	主托管行
391	Avanda投资管理私人有限公司	新加坡	2016/3/15	汇丰银行
392	瀚亚投资（新加坡）有限公司	新加坡	2016/3/17	汇丰银行
393	国泰全球投资管理有限公司	中国香港	2016/3/17	建设银行
394	广发金融交易（英国）有限公司	英国	2016/4/1	工商银行
395	安盛投资管理有限公司（巴黎）	法国	2016/4/1	浦发银行
396	辉立资金管理有限公司	新加坡	2016/4/26	工商银行
397	第一商业银行股份有限公司	中国台湾	2016/5/3	汇丰银行
398	迈达思基金管理有限公司	韩国	2016/5/6	渣打银行
399	富达投资管理（新加坡）有限公司	新加坡	2016/6/6	花旗银行
400	爱德蒙得洛希尔资产管理（法国）有限公司	法国	2016/6/8	建设银行
401	荷宝卢森堡股份有限公司	卢森堡	2016/6/8	德意志银行
402	元大证券股份有限公司	中国台湾	2016/7/19	交通银行
403	有进投资证券公司	韩国	2016/8/12	汇丰银行
404	中国光大证券资产管理有限公司	中国香港	2016/8/12	交通银行
405	株式会社新韩银行	韩国	2016/8/22	汇丰银行
406	领航集团有限公司	美国	2016/9/1	汇丰银行
407	开泰基金管理有限公司	泰国	2016/9/9	汇丰银行
408	中邮创业国际资产管理有限公司	中国香港	2016/9/9	中国银行
409	摩根大通证券股份有限公司	英国	2016/9/28	汇丰银行
410	罗素投资管理（澳大利亚）有限公司	澳大利亚	2016/10/27	汇丰银行
411	贝莱德基金顾问公司	美国	2016/11/25	汇丰银行
412	Lemanik资产管理股份有限公司	卢森堡	2016/11/25	工商银行
413	东方汇理资产管理（卢森堡）公司	卢森堡	2016/12/20	汇丰银行
414	招银国际资产管理有限公司	中国香港	2017/1/5	中国银行
415	中加国际资产管理有限公司	中国香港	2017/1/10	建设银行
416	信安资产管理有限公司	马来西亚	2017/1/18	汇丰银行
417	Aware养老金私人有限公司	澳大利亚	2017/1/18	汇丰银行
418	海通银行	葡萄牙	2017/2/13	花旗银行

续表

序号	中文名称	注册地	批准日期	主托管行
419	范达投资有限公司	澳大利亚	2017/2/23	工商银行
420	兴证国际资产管理有限公司	中国香港	2017/6/19	兴业银行
421	申万宏源新加坡私人有限公司	新加坡	2017/7/27	中国银行
422	Acadian资产管理有限责任公司	美国	2017/7/27	汇丰银行
423	山证国际资产管理有限公司	中国香港	2017/8/14	交通银行
424	新加坡联盟投资管理有限公司	新加坡	2017/8/18	汇丰银行
425	WisdomTree资产管理公司	美国	2017/10/16	汇丰银行
426	荷兰汇盈资产管理公司	荷兰	2017/11/28	汇丰银行
427	海克利尔国际投资有限责任公司	英国	2018/1/8	汇丰银行
428	美国桥水投资公司	美国	2018/5/25	汇丰银行
429	道富环球投资爱尔兰有限公司	爱尔兰	2018/5/31	汇丰银行
430	道富环球投资信托公司	美国	2018/5/31	汇丰银行
431	道富环球投资资产管理有限公司	美国	2018/5/31	汇丰银行
432	道富环球投资有限公司	英国	2018/5/31	汇丰银行
433	富善国际资产管理（香港）有限公司	中国香港	2018/7/16	建设银行
434	WisdomTree管理有限公司	爱尔兰	2018/8/15	汇丰银行
435	中泰国际资产管理有限公司	中国香港	2018/8/15	中国银行
436	耀之国际资产管理有限公司	中国香港	2018/9/6	工商银行
437	三井住友银行股份有限公司	日本	2018/9/30	汇丰银行
438	银华国际资本管理公司	中国香港	2018/10/8	建设银行
439	中国人保香港资产管理有限公司	中国香港	2018/10/12	建设银行
440	中邮国际（英国）有限公司	中国香港	2018/10/23	中国银行
441	瑞士嘉盛银行有限公司	瑞士	2018/11/20	建设银行
442	东吴中新资产管理（亚洲）有限公司	新加坡	2018/12/3	中国银行
443	雪湖资本（香港）有限公司	中国香港	2018/12/14	汇丰银行
444	富达管理及研究公司有限责任公司	美国	2018/12/18	汇丰银行
445	盘谷资产管理有限公司	泰国	2019/2/15	中国银行
446	柏瑞投资爱尔兰有限公司	爱尔兰	2019/2/26	汇丰银行

续表

序号	中文名称	注册地	批准日期	主托管行
447	思达资本（香港）有限公司	中国香港	2019/2/27	星展银行
448	国际货币基金组织		2019/3/5	工商银行
449	野村新加坡有限公司	新加坡	2019/3/12	汇丰银行
450	乐瑞资产管理（香港）有限公司	中国香港	2019/4/17	工商银行
451	时和资产管理有限公司	中国香港	2019/4/17	工商银行
452	三菱日联银行股份有限公司	日本	2019/4/23	中国银行
453	新分享资产管理有限公司	中国香港	2019/4/28	工商银行
454	国际金融公司		2019/7/1	花旗银行
455	泰京资产管理股份有限公司	泰国	2019/7/3	中国银行
456	远信资本投资管理有限公司	中国香港	2019/7/17	工商银行
457	方正资产管理（香港）有限公司	中国香港	2019/8/19	建设银行
458	新永安国际资产管理有限公司	中国香港	2019/8/22	建设银行
459	马歇尔·伟世有限责任公司	英国	2019/8/22	汇丰银行
460	熵一资产管理有限公司	中国香港	2019/11/8	星展银行
461	思佰益资产管理株式会社	日本	2019/11/14	民生银行
462	同方证券有限公司	中国香港	2019/11/26	交通银行
463	范德堡大学	美国	2019/11/26	汇丰银行
464	高都管理有限责任公司	美国	2019/12/17	汇丰银行
465	复星国际证券有限公司	中国香港	2019/12/31	交通银行
466	喜马拉雅资本管理公司	美国	2020/2/12	建设银行
467	易亚阿尔法投资管理有限公司	中国香港	2020/2/25	德意志银行
468	绿洲管理（香港）	中国香港	2020/3/25	德意志银行
469	金涌资本管理有限公司	中国香港	2020/4/1	建设银行
470	Join Asset国际资产运用株式会社	韩国	2020/4/1	建设银行
471	三井住友信托资产管理股份有限公司	日本	2020/4/1	花旗银行
472	华德国际资产管理有限公司	中国香港	2020/4/7	建设银行
473	基斯克威尔资产管理公司	美国	2020/4/13	汇丰银行
474	WT资产管理有限公司	中国香港	2020/5/7	建设银行

续表

序号	中文名称	注册地	批准日期	主托管行
475	Baillie Gifford Overseas Limited	英国	2020/5/11	汇丰银行
476	首源投资（香港）有限公司	中国香港	2020/5/13	花旗银行
477	亚升资本私人有限公司	新加坡	2020/5/13	渣打银行
478	C.M. 资本顾问公司	美国	2020/5/13	建设银行
479	建行证券有限公司	中国香港	2020/6/2	交通银行
480	简街香港有限公司	中国香港	2020/6/2	建设银行
481	九天管理（香港）有限公司	中国香港	2020/8/13	建设银行
482	浦银国际投资管理有限公司	中国香港	2020/8/27	花旗银行
483	AHL有限责任合伙	英国	2020/8/27	汇丰银行
484	格盛投资管理有限责任公司	美国	2020/8/27	汇丰银行
485	普徕仕国际有限公司	英国	2020/9/7	汇丰银行
486	晋达北美公司	美国	2020/9/10	汇丰银行
487	弘业国际资产管理有限公司	中国香港	2020/9/27	建设银行
488	立方科研资产管理有限公司	英国	2020/9/28	花旗银行
489	析理资本有限公司	中国香港	2020/10/10	汇丰银行
490	琅润资本管理有限公司	美国	2020/10/10	花旗银行
491	元盛资产管理有限公司	英国	2020/10/15	中国银行
492	HardingLoevner有限合伙	美国	2020/11/16	汇丰银行
493	瑞达国际资产管理（香港）有限公司	中国香港	2020/11/16	星展银行
494	昊青咨询管理有限公司	中国香港	2020/11/16	德意志银行
495	LAV环球管理有限公司	开曼群岛	2020/11/16	建设银行
496	三星风险投资株式会社	韩国	2020/11/16	建设银行
497	澳帝桦澳大利亚有限公司	澳大利亚	2020/11/16	建设银行
498	克而瑞证券有限公司	中国香港	2020/11/16	建设银行
499	开域资本（新加坡）有限公司	新加坡	2020/11/16	建设银行
500	博裕资本投资管理有限公司	中国香港	2020/11/16	花旗银行
501	ArtisanPartners有限合伙	美国	2020/11/16	汇丰银行
502	西北投资管理（香港）有限公司	中国香港	2020/11/16	花旗银行

续表

序号	中文名称	注册地	批准日期	主托管行
503	璞林资本（香港）有限公司	中国香港	2020/11/16	汇丰银行
504	布洛德峰投资顾问有限公司	新加坡	2020/11/16	花旗银行
505	金信期盈证券（香港）有限公司	中国香港	2020/11/17	招商银行
506	联威投资有限公司	中国香港	2020/11/17	中国银行
507	瑞士经纬投资有限公司	中国香港	2020/11/17	星展银行
508	嘉谟证券有限公司	中国香港	2020/11/23	建设银行
509	瑞明资本有限公司	中国香港	2020/11/23	星展银行
510	智睿投资顾问有限公司	中国香港	2020/11/25	星展银行
511	未来资产证券（香港）有限公司	中国香港	2020/12/3	中国银行
512	中国银行（新西兰）有限公司	新西兰	2020/12/3	工商银行
513	民银资产管理有限公司	中国香港	2020/12/7	招商银行
514	美国华平有限公司	美国	2020/12/7	花旗银行
515	平证资产管理（香港）有限公司	中国香港	2020/12/7	工商银行
516	维世资产管理（香港）有限公司	中国香港	2020/12/10	星展银行
517	巨柏资产管理（香港）有限公司	中国香港	2020/12/15	星展银行
518	雅典娜私人有限公司	新加坡	2020/12/15	星展银行
519	建信资产管理（香港）有限公司	中国香港	2020/12/15	招商银行
520	中信信惠国际资本（香港）有限公司	中国香港	2020/12/15	建设银行
521	德弘美元基金管理公司	开曼群岛	2020/12/14	花旗银行
522	彬元资本有限公司	中国香港	2020/12/14	德意志银行
523	中欧基金国际有限公司	中国香港	2020/12/14	建设银行
524	凯雷毛里求斯CIS投资管理公司	毛里求斯	2020/12/14	花旗银行
525	BFAM合伙（香港）有限公司	中国香港	2020/12/14	汇丰银行
526	幻方资本管理（香港）有限公司	中国香港	2020/12/14	建设银行
527	红杉中国投资管理有限公司	开曼群岛	2020/12/14	建设银行
528	伟华电子有限公司	中国香港	2020/12/14	建设银行
529	山河资本管理香港咨询有限公司	中国香港	2020/12/14	汇丰银行
530	Systematica投资有限公司	泽西岛	2020/12/14	汇丰银行

续表

序号	中文名称	注册地	批准日期	主托管行
531	太盟亚洲资本有限公司	开曼群岛	2020/12/14	花旗银行
532	华乐资本有限公司	中国香港	2020/12/14	汇丰银行
533	淘金者证券（香港）有限公司	中国香港	2020/12/14	工商银行
534	美国金瑞基金管理有限公司	美国	2020/12/14	汇丰银行
535	隆奥资产管理（欧洲）有限公司	英国	2020/12/25	汇丰银行
536	高谛安资本新加坡私人有限公司	新加坡	2020/12/25	工商银行
537	裕丰资产管理有限公司	中国香港	2021/1/5	建设银行
538	Bradesco资产管理有限公司	巴西	2021/1/5	星展银行
539	光银国际资产管理有限公司	中国香港	2021/1/5	招商银行
540	香港资产管理有限公司	中国香港	2021/1/15	中国银行
541	富德资产管理（香港）有限公司	中国香港	2021/1/15	花旗银行
542	保德信投资管理定量解决方案有限责任公司	美国	2021/1/26	汇丰银行
543	东兴证券（香港）资产管理公司	中国香港	2021/1/26	中国银行
544	永安国富资产管理（香港）有限公司	中国香港	2021/2/3	中国银行
545	泓策投资管理有限公司	中国香港	2021/2/9	中国银行
546	海纳亚太有限公司	澳大利亚	2021/2/9	建设银行
547	新光证券投资信托股份有限公司	中国台湾	2021/2/10	汇丰银行
548	HRTC有限公司	开曼群岛	2021/2/10	建设银行
549	瀚诺有限公司	英国	2021/2/10	工商银行
550	才华资本管理有限公司	中国香港	2021/2/10	建设银行
551	德骧资本管理公司	美国	2021/2/10	汇丰银行
552	泰仁资本有限公司	中国香港	2021/2/10	汇丰银行
553	锐联资产管理有限公司	中国香港	2021/2/10	工商银行
554	千禧新加坡资产管理有限公司	新加坡	2021/2/25	花旗银行
555	建岖实业投资	中国香港	2021/3/4	汇丰银行
556	皮尔亨特公司	英国	2021/3/4	建设银行
557	阶乘管理有限公司	中国香港	2021/3/16	德意志银行
558	金锝资产管理（香港）有限公司	中国香港	2021/3/16	建设银行

续表

序号	中文名称	注册地	批准日期	主托管行
559	边普斯资本管理有限公司	中国香港	2021/3/16	花旗银行
560	长龙投资管理有限公司	中国香港	2021/3/16	汇丰银行
561	睿亚资产管理有限公司	中国香港	2021/3/16	汇丰银行
562	Oberweis资产管理公司	美国	2021/3/16	汇丰银行
563	中泰国际资产管理（新加坡）有限公司	新加坡	2021/3/18	工商银行
564	长廊资产管理有限公司	中国香港	2021/3/18	德意志银行
565	凯华投资香港有限公司	中国香港	2021/3/17	德意志银行
566	胜利证券有限公司	中国香港	2021/3/22	建设银行
567	AROHI 资产管理有限公司	新加坡	2021/3/26	汇丰银行
568	晨曦投资管理有限公司	中国香港	2021/3/31	建设银行
569	时富资产管理有限公司	中国香港	2021/4/2	建设银行
570	方瀛研究与投资（香港）有限公司	中国香港	2021/4/12	汇丰银行
571	云栖资本有限公司	中国香港	2021/4/20	建设银行
572	中环资产投资有限公司	中国香港	2021/4/20	工商银行
573	永丰金证券股份有限公司	中国台湾	2021/4/20	浦发银行
574	腾新投资有限公司	新加坡	2021/4/20	建设银行
575	衍盛中国（香港）有限公司	中国香港	2021/4/20	星展银行
576	柏基公司	英国	2021/4/30	汇丰银行
577	鸿昇证券有限公司	中国香港	2021/4/30	中信银行
578	黑石另类投资方案有限责任公司	美国	2021/5/14	汇丰银行
579	DNCA金融	法国	2021/5/14	汇丰银行
580	华富建业资产管理有限公司	中国香港	2021/5/19	交通银行
581	Eclipse 期货（香港）有限公司	中国香港	2021/5/19	建设银行
582	上信（香港）控股有限公司	中国香港	2021/5/21	招商银行
583	BPC有限公司	中国香港	2021/5/26	中国银行
584	GLP Capital Investment 4（HK）Limited	中国香港	2021/5/6	招商银行
585	尚川实业有限公司	中国香港	2021/6/28	工商银行
586	东英投资管理有限公司	中国香港	2021/6/17	星展银行

续表

序号	中文名称	注册地	批准日期	主托管行
587	保银资产管理有限公司	中国香港	2021/6/16	平安银行
588	WCM投资管理有限责任公司	美国	2021/6/17	汇丰银行
589	迈凯希金融公司	加拿大	2021/6/11	汇丰银行
590	安联环球投资亚太有限公司	中国香港	2021/6/10	汇丰银行
591	Al Mehwar商业投资有限责任公司	阿联酋	2021/6/16	汇丰银行
592	元库证券有限公司	中国香港	2021/6/17	工商银行
593	Quaero资本有限责任合伙	英国	2021/6/18	汇丰银行
594	沛达投资管理有限公司	中国香港	2021/6/24	汇丰银行
595	鲍尔可持续发展投资管理有限公司	加拿大	2021/6/28	建设银行
596	De Tiger资本有限公司	中国香港	2021/6/24	招商银行
597	大岩资本香港有限公司	中国香港	2021/6/24	工商银行
598	磊亚投资顾问有限公司	中国香港	2021/6/4	花旗银行
599	DTL量化投资管理有限公司	新加坡	2021/7/5	建设银行
600	佰利资产管理有限合伙	美国	2021/7/5	花旗银行
601	台中银证券投资信托股份有限公司	中国台湾	2021/7/5	汇丰银行
602	源峰基金管理有限公司	中国香港	2021/7/5	中国银行
603	清池资本（香港）有限公司	中国香港	2021/7/5	花旗银行
604	鼎亚资本（新加坡）私人有限公司	新加坡	2021/7/5	汇丰银行
605	涛合研究资本新加坡有限公司	新加坡	2021/7/19	建设银行
606	天元资本有限公司	中国香港	2021/7/21	汇丰银行
607	KENSHO控股有限公司	美国	2021/7/22	建设银行
608	邮政银行资产管理公司	法国	2021/7/26	汇丰银行
609	凯基国际（香港）有限公司	中国香港	2021/7/28	中国银行
610	赛格资产管理有限公司	南非	2021/7/28	汇丰银行
611	中国银河国际资产管理（香港）有限公司	中国香港	2021/8/11	交通银行
612	社会保险总局	沙特阿拉伯	2021/8/19	汇丰银行
613	科威特投资办公室	科威特	2021/8/24	汇丰银行
614	淡明资本私人有限公司	新加坡	2021/8/25	汇丰银行

续表

序号	中文名称	注册地	批准日期	主托管行
615	Timefolio资产管理新加坡私人投资有限公司	新加坡	2021/9/17	花旗银行
616	启行资本管理新加坡私人有限公司	新加坡	2021/9/2	花旗银行
617	贝恩资本（新加坡）有限公司	新加坡	2021/9/2	建设银行
618	无极资本管理有限公司	中国香港	2021/9/17	花旗银行
619	立格资本投资有限公司	新加坡	2021/9/2	渣打银行
620	腾跃基金	美国	2021/9/17	花旗银行
621	海德资产管理有限公司	中国香港	2021/9/3	汇丰银行
622	中达资产管理有限公司	中国香港	2021/9/2	交通银行
623	文渊资本管理有限公司	中国香港	2021/9/17	德意志银行
624	LMR Partners有限公司	中国香港	2021/9/2	汇丰银行
625	贝克兄弟顾问有限合伙	美国	2021/9/3	花旗银行
626	天风国际资产管理有限公司	中国香港	2021/9/17	中国银行
627	路博迈投资顾问有限责任公司	美国	2021/9/17	中国银行
628	法拉龙资本投资有限责任公司	美国	2021/9/15	花旗银行
629	威廉欧奈尔全球投资顾问公司	美国	2021/9/24	建设银行
630	丰晟资本管理有限公司	开曼群岛	2021/9/24	星展银行
631	弘源资本有限公司	中国香港	2021/10/14	中国银行
632	国联证券国际资产管理有限公司	中国香港	2021/10/28	招商银行
633	中信证券国际资本管理有限公司	英属维尔京群岛	2021/10/15	花旗银行
634	元库资产管理有限公司	中国香港	2021/10/28	工商银行
635	黑石另类资产管理有限合伙	美国	2021/10/25	汇丰银行
636	首源投资（新加坡）	新加坡	2021/10/26	花旗银行
637	塔菲石资本管理有限公司	美国	2021/11/1	中国银行
638	好买香港有限公司	中国香港	2021/11/1	中国银行
639	华普资本有限公司	中国香港	2021/11/1	招商银行
640	第一上海证券有限公司	中国香港	2021/11/1	中国银行
641	公共投资基金	沙特阿拉伯	2021/11/5	汇丰银行
642	Weiss 资产管理有限合伙	美国	2021/11/11	汇丰银行

续表

序号	中文名称	注册地	批准日期	主托管行
643	南华资产管理（新加坡）有限公司	新加坡	2021/11/9	星展银行
644	信银（香港）资本有限公司	中国香港	2021/11/26	交通银行
645	橡树资本管理有限公司	新加坡	2021/11/26	汇丰银行
646	扬帆资本（新加坡）私人有限公司	新加坡	2021/11/29	德意志银行
647	六福资产管理（香港）有限公司	中国香港	2021/12/14	浦发银行
648	迈德瑞资产管理有限公司	法国	2021/12/14	建设银行
649	中国信托证券投资信托股份有限公司	中国台湾	2021/12/21	花旗银行
650	信安证券投资股份有限公司	奥地利	2021/12/1	渣打银行
651	中国资本投资管理有限公司	中国香港	2021/12/6	中国银行
652	加皇环球资产管理（亚洲）有限公司	中国香港	2021/12/2	渣打银行
653	盛富德战略顾问（新加坡）有限公司	新加坡	2021/12/14	汇丰银行
654	安本香港有限公司	中国香港	2021/12/23	花旗银行
655	亿度资本合伙人有限公司	美国	2022/1/12	花旗银行
656	SPB银行股份公司	俄罗斯	2022/1/14	建设银行
657	拓可资本（香港）有限公司	中国香港	2022/1/21	汇丰银行
658	融石资本有限公司（新加坡）	新加坡	2022/1/28	中国银行
659	东方汇理意大利有限公司	意大利	2022/1/29	汇丰银行
660	首源投资Realindex私人有限公司	澳大利亚	2022/2/18	花旗银行
661	首源投资（澳大利亚）IM有限公司	澳大利亚	2022/2/18	花旗银行
662	首源投资（澳大利亚）RE有限公司	澳大利亚	2022/2/18	花旗银行
663	灯塔投资合伙有限公司	美国	2022/2/17	花旗银行
664	瑞橡资本管理有限公司	中国香港	2022/2/28	招商银行
665	首程控股有限公司	中国香港	2022/3/1	招商银行
666	东方资产管理（香港）有限公司	中国香港	2022/3/15	中国银行
667	禾瑞添资本管理有限公司	新加坡	2022/3/18	汇丰银行
668	Origin资产管理有限责任合伙	英国	2022/3/25	汇丰银行
669	瀚嘉资产管理有限公司	新加坡	2022/4/6	星展银行
670	中国太保投资管理（香港）有限公司	中国香港	2022/4/6	中国银行

续表

序号	中文名称	注册地	批准日期	主托管行
671	博领资产管理有限公司	中国香港	2022/4/19	德意志银行
672	摩根大通基石有限公司	美国	2022/4/22	汇丰银行
673	美国富港银行	美国	2022/4/25	建设银行
674	胜利资本管理公司	美国	2022/4/27	花旗银行
675	瓦萨奇顾问有限合伙	美国	2022/5/6	汇丰银行
676	阿托斯资本有限公司	中国香港	2022/5/13	汇丰银行
677	盛诺金基金管理有限公司	中国香港	2022/5/13	建设银行
678	南方东英资产管理有限公司（新加坡）	新加坡	2022/5/16	汇丰银行
679	璟裕资本管理有限公司	中国香港	2022/5/17	兴业银行
680	澎睿投资管理有限公司	美国	2022/5/20	汇丰银行
681	大道环球（香港）有限公司	中国香港	2022/5/23	建设银行
682	福途新加坡私人有限公司	新加坡	2022/5/29	星展银行
683	博石资本有限公司	中国香港	2022/5/29	建设银行
684	盛诺投资有限合伙	英国	2022/5/30	汇丰银行
685	高腾国际资产管理有限公司	中国香港	2022/6/7	中国银行
686	Numeric投资者有限责任公司	美国	2022/6/13	汇丰银行
687	林顿顾问（香港）有限公司	中国香港	2022/7/18	德意志银行
688	欧力士亚洲资本有限公司	中国香港	2022/7/18	建设银行
689	Investmath有限公司	新加坡	2022/7/19	工商银行
690	BlueCrest资本管理泽西有限公司	泽西岛	2022/7/22	花旗银行
691	Connor，Clark & Lunn 投资管理有限公司	加拿大	2022/8/12	汇丰银行
692	联丰亨保险有限公司	中国澳门	2022/8/18	招商银行
693	联丰亨人寿保险股份有限公司	中国澳门	2022/8/18	招商银行
694	Alpha Oryx有限公司	阿联酋	2022/8/18	花旗银行
695	澳门国际银行股份有限公司	中国澳门	2022/8/18	招商银行
696	志投顾问有限公司	开曼群岛	2022/8/24	星展银行
697	自由金融仝球有限公司	哈萨克斯坦	2022/9/5	建设银行
698	富盈交易亚洲有限公司	新加坡	2022/9/15	建设银行

续表

序号	中文名称	注册地	批准日期	主托管行
699	德劭（亚太）有限公司	中国香港	2022/9/15	花旗银行
700	ASL证券股份有限公司	泰国	2022/9/22	中国银行
701	ALT投资管理有限公司	开曼群岛	2022/9/22	建设银行
702	信庭投资国际有限公司	中国香港	2022/9/26	渣打银行
703	盈为资本有限责任公司	美国	2022/9/26	花旗银行
704	英卓投资管理有限公司	英国	2022/9/26	汇丰银行
705	拔萃国际资产管理有限公司	中国香港	2022/9/27	工商银行
706	阿通联有限责任公司	塞浦路斯	2022/9/28	建设银行
707	百润资本管理公司	美国	2022/9/28	汇丰银行
708	BAMCO公司	美国	2022/9/28	汇丰银行
709	焦点视野DMCC公司	阿联酋	2022/10/11	建设银行
710	亚狮资本（香港）有限公司	中国香港	2022/10/24	建设银行
711	梅萨投资合伙公司	美国	2022/10/26	建设银行
712	领升基金管理公司	新西兰	2022/11/1	建设银行
713	圣彼得堡银行	俄罗斯	2022/11/4	中国银行
714	兴隆国际金业交易有限公司	新加坡	2022/11/7	中国银行
715	约翰街资本有限公司	英国	2022/11/7	星展银行
716	亮点资本有限公司	新加坡	2022/11/15	中国银行
717	威灵顿管理香港有限公司	中国香港	2022/11/17	汇丰银行
718	复瑞渤商贸新加坡有限公司	新加坡	2022/11/17	建设银行
719	XTX市场有限公司	新加坡	2022/11/21	建设银行
720	古塔资本（新加坡）有限公司	新加坡	2022/11/29	德意志银行
721	格林兰特投资管理	毛里求斯	2022/11/30	建设银行
722	宽立资本有限公司	英国	2022/12/4	汇丰银行
723	部门基金服务股份公司	挪威	2022/12/7	汇丰银行
724	伊藤忠塑胶私人有限公司	新加坡	2022/12/30	交通银行
725	传译趋势私人有限公司	荷兰	2022/12/30	星展银行
726	联发科技股份有限公司	中国台湾	2023/1/5	建设银行

续表

序号	中文名称	注册地	批准日期	主托管行
727	常春藤资产管理（香港）有限公司	中国香港	2023/1/16	星展银行
728	英特佩克理财与投资顾问公司	澳大利亚	2023/1/16	建设银行
729	凯穆私人有限公司	新加坡	2023/1/17	中国银行
730	城堡证券中国有限公司	中国香港	2023/1/17	建设银行
731	瑞丰证券有限公司	中国香港	2023/1/20	农业银行
732	金銮证券有限公司	中国香港	2023/2/8	建设银行
733	四邦实业有限公司	中国香港	2023/2/10	建设银行
734	国际标准矢量资产管理	开曼群岛	2023/2/16	花旗银行
735	瑞再亚洲直接投资有限公司	新加坡	2023/2/16	汇丰银行
736	英格斯投资资产管理公司	俄罗斯	2023/2/16	中国银行
737	弘量研究有限公司	中国香港	2023/2/16	中国银行
738	永丰金证券（亚洲）有限公司	中国香港	2023/2/16	星展银行
739	阿班斯全球有限公司	英国	2023/2/16	星展银行
740	东方艾克斯投资有限责任公司	英国	2023/2/16	汇丰银行
741	瑞银资产管理瑞士股份公司	瑞士	2023/2/20	汇丰银行
742	托克亚洲贸易私人有限公司	新加坡	2023/2/28	中国银行
743	安磐资本（亚洲）私人投资有限公司	新加坡	2023/3/2	汇丰银行
744	西纳拉银行	俄罗斯	2023/3/14	中国银行
745	博恩霍华德（香港）有限公司	中国香港	2023/3/14	花旗银行
746	塔瀚金融有限公司	英国	2023/3/16	工商银行
747	博裕资本管理（新加坡）有限公司	新加坡	2023/3/16	花旗银行
748	冠力资产管理有限公司	中国香港	2023/3/20	中国银行
749	萨默塞特资产管理有限公司	英国	2023/3/20	汇丰银行
750	道锐威新加坡私人有限公司	新加坡	2023/4/4	建设银行
751	矩点资本有限责任合伙企业	英国	2023/4/11	建设银行
752	全球统计资产管理资本有限责任合伙	英国	2023/4/18	汇丰银行
753	钜集资产管理有限公司	新加坡	2023/4/23	星展银行
754	澳帝桦新加坡有限公司	新加坡	2023/4/23	建设银行

续表

序号	中文名称	注册地	批准日期	主托管行
755	资本基金管理有限公司	法国	2023/4/24	建设银行
756	资本伙伴证券株式会社	日本	2023/4/26	渣打银行
757	华态私人有限合伙企业	荷兰	2023/5/4	建设银行
758	城堡投资亚洲有限公司	中国香港	2023/5/27	汇丰银行
759	新加坡瀚朗科技有限公司	新加坡	2023/6/7	建设银行
760	十八里亚洲有限公司	中国香港	2023/6/7	德意志银行
761	凯石通投资顾问（香港）有限公司	中国香港	2023/6/14	花旗银行
762	博行睿致投资管理有限责任合伙公司	英国	2023/6/14	汇丰银行
763	致富证券有限公司	中国香港	2023/6/19	交通银行
764	逸兴资本有限公司	新加坡	2023/6/19	德意志银行
765	博灏香港有限公司	中国香港	2023/6/30	汇丰银行
766	九边投资有限公司	塞浦路斯	2023/7/11	建设银行
767	瑞士恩贝尔商业银行股份有限公司	瑞士	2023/7/13	建设银行
768	大横琴股份（香港）有限公司	中国香港	2023/7/13	建设银行
769	白云投资有限公司	新加坡	2023/7/27	汇丰银行
770	国际货币基金组织投资资金	国际组织	2023/7/28	农业银行
771	科氏石油炼制国际有限公司	新加坡	2023/7/28	建设银行
772	量锋资产管理私人有限公司	新加坡	2023/8/3	汇丰银行
773	卡普拉投资管理公司	英国	2023/8/9	汇丰银行
774	诺伊曼咨询香港有限公司	中国香港	2023/8/9	建设银行
775	碧辟新加坡私人有限公司	新加坡	2023/8/17	建设银行
776	太白投资有限公司	新加坡	2023/8/25	星展银行
777	易可达金融（新加坡）有限公司	新加坡	2023/9/1	建设银行
778	鹏特资本管理有限公司	新加坡	2023/9/5	中国银行
779	红杉资本中国公开市场投资基金管理公司	中国香港	2023/9/11	汇丰银行
780	博大资产管理（香港）有限公司	中国香港	2023/9/11	建设银行
781	指南针亚洲合伙人有限合伙	百慕大	2023/9/15	汇丰银行
782	翌星资本私人有限公司	新加坡	2023/9/19	星展银行

续表

序号	中文名称	注册地	批准日期	主托管行
783	银河一联昌证券（新加坡）私人有限公司	新加坡	2023/9/22	法国巴黎银行
784	吉尼斯资产管理有限公司	英国	2023/9/22	中国银行
785	德太资本新加坡有限公司	新加坡	2023/10/7	花旗银行
786	希佰资有限公司	新加坡	2023/10/7	花旗银行
787	柏瑞投资亚洲有限公司	百慕大	2023/10/10	汇丰银行
788	奥地利瑞芬森银行封闭式股份公司	俄罗斯	2023/10/23	建设银行
789	新加坡（热联）钢铁有限公司	新加坡	2023/10/31	中国银行
790	奥地利瑞芬森资本资产管理有限责任公司	俄罗斯	2023/11/1	建设银行
791	大象投资管理有限公司	中国香港	2023/11/6	建设银行
792	富乔鑫资本（新加坡）有限公司	新加坡	2023/11/7	星展银行
793	能敬资本管理有限公司	中国香港	2023/11/9	建设银行
794	五矿企荣有限公司	中国香港	2023/11/9	中国银行
795	东久新宜（开曼）投资第一控股有限公司	开曼群岛	2023/11/14	中国银行
796	安润嘉有限公司	泰国	2023/11/18	花旗银行
797	招银国际（新加坡）私人有限公司	新加坡	2023/11/18	中国银行
798	中银（新加坡）资产管理有限公司	新加坡	2023/11/22	华夏银行
799	英格斯银行股份公司	俄罗斯	2023/11/24	建设银行
800	倍嵘资本有限公司	中国香港	2023/11/24	建设银行
801	复兴证券有限公司	俄罗斯	2023/12/4	中国银行
802	太一资本管理有限公司	中国香港	2023/12/7	工商银行
803	圆牧资本	澳大利亚	2023/12/11	花旗银行
804	睿远基金（香港）有限公司	中国香港	2023/12/12	招商银行
805	浙商国际金融控股有限公司	中国香港	2023/12/12	星展银行
806	前诺投资管理有限公司	澳大利亚	2023/12/20	花旗银行

附表6　　合格境外机构投资者托管银行一览表

序号	合格境外投资者托管行中文名称
1	汇丰银行（中国）有限公司
2	花旗银行（中国）有限公司
3	渣打银行（中国）有限公司
4	中国工商银行股份有限公司
5	中国银行股份有限公司
6	中国农业银行股份有限公司
7	交通银行股份有限公司
8	中国建设银行股份有限公司
9	中国光大银行股份有限公司
10	中国招商银行股份有限公司
11	德意志银行（中国）有限公司
12	星展银行（中国）有限公司
13	中国中信银行股份有限公司
14	上海浦东发展银行股份有限公司
15	中国民生银行股份有限公司
16	三菱东京日联银行（中国）有限公司
17	兴业银行股份有限公司
18	平安银行股份有限公司
19	华夏银行股份有限公司
20	江苏银行股份有限公司
21	法国巴黎银行（中国）有限公司
22	宁波银行股份有限公司
23	浙商银行股份有限公司

附表7　　境外证券类机构驻华代表处一览表

序号	代表处名称	代表处所在地
1	日本野村证券株式会社北京代表处	北京
2	日本大和证券株式会社北京代表处	北京
3	瑞士信贷（香港）有限公司北京代表处	北京
4	高盛（中国）有限责任公司北京代表处	北京
5	美林国际有限公司北京代表处	北京
6	花旗环球金融中国有限公司北京代表处	北京
7	摩根士丹利亚洲有限公司北京代表处	北京
8	法国巴黎资本（亚洲）有限公司北京代表处	北京
9	中银国际控股有限公司北京代表处	北京
10	信安环球投资有限公司北京代表处	北京
11	京华山一国际（香港）有限公司北京代表处	北京
12	香港上海汇丰银行有限公司（证券业务）北京代表处	北京
13	台湾元大证券股份有限公司北京代表处	北京
14	香港交易及结算所有限公司北京代表处	北京
15	香港摩根大通证券（亚太）有限公司北京代表处	北京
16	德意志银行股份有限公司（证券业务）北京代表处	北京
17	日本瑞穗证券股份有限公司北京代表处	北京
18	香港第一上海融资有限公司北京代表处	北京
19	蒙特利尔银行利时证券公司北京代表处	北京
20	香港摩根资产管理（亚太）有限公司北京代表处	北京
21	日本三井住友信托银行股份有限公司（证券业务）北京代表处	北京
22	韩国未来资产证券股份有限公司北京代表处	北京
23	美国纳斯达克股票市场有限责任公司北京代表处	北京
24	交银国际控股有限公司北京代表处	北京
25	富达基金（香港）有限公司北京代表处	北京
26	法国法盛投资管理公司北京代表处	北京

续表

序号	代表处名称	代表处所在地
27	新加坡摩根士丹利投资管理公司北京代表处	北京
28	美国桥水投资公司北京代表处	北京
29	香港致富证券有限公司北京代表处	北京
30	韩国三星证券公司北京代表处	北京
31	美国富瑞金融集团北京代表处	北京
32	加拿大迈凯希金融公司北京代表处	北京
33	韩国投资证券株式会社北京代表处	北京
34	日本盛华日兴证券株式会社北京代表处	北京
35	邓普顿国际股份有限公司北京代表处	北京
36	野村证券株式会社上海代表处	上海
37	法国巴黎资本（亚洲）有限公司上海代表处	上海
38	美国美林国际有限公司上海代表处	上海
39	中信里昂证券有限公司上海代表处	上海
40	高盛（中国）有限责任公司上海代表处	上海
41	韩国农协投资证券公司上海代表处	上海
42	群益国际控股有限公司上海代表处	上海
43	韩国国民证券公司上海代表处	上海
44	永丰金证券（亚洲）有限公司上海代表处	上海
45	凯基证券亚洲有限公司上海代表处	上海
46	海通国际证券有限公司上海代表处	上海
47	香港上海汇丰银行有限公司（证券业务）上海代表处	上海
48	内藤证券公司上海代表处	上海
49	瑞士信贷（香港）有限公司上海代表处	上海
50	台湾元大证券股份有限公司上海代表处	上海
51	日本瑞穗证券股份有限公司上海代表处	上海
52	冈三证券股份有限公司上海代表处	上海
53	麦格理证券（澳大利亚）股份有限公司上海代表处	上海
54	致富证券有限公司上海代表处	上海

续表

序号	代表处名称	代表处所在地
55	东洋证券股份有限公司上海代表处	上海
56	韩国新韩投资证券股份有限公司上海代表处	上海
57	蓝泽证券股份有限公司上海代表处	上海
58	华南永昌综合证券股份有限公司上海代表处	上海
59	韩国投资信托运用株式会社上海代表处	上海
60	韩国未来资产证券股份有限公司上海代表处	上海
61	富兰克林华美证券投资信托股份有限公司上海代表处	上海
62	美好证券股份有限公司上海代表处	上海
63	新加坡萨默塞特资本管理有限公司上海代表处	上海
64	香港富盈交易香港有限公司上海代表	上海
65	香港致富证券有限公司深圳代表处	深圳
66	元大证券（香港）有限公司深圳代表处	深圳
67	香港中国通海证券有限公司沈阳代表处	沈阳

附表8　　　境外交易所驻华代表处一览表

序号	代表处名称	审批/备案日期	代表处所在地
1	美国纽约商品交易所股份有限公司北京代表处	2021/10/26	北京
2	美国芝加哥期货交易所股份有限公司北京代表处	2021/10/26	北京
3	美国纽约商业交易所股份有限公司北京代表处	2021/10/26	北京
4	美国芝加哥商业交易所股份有限公司北京代表处	2021/10/26	北京
5	德国德意志交易所股份有限公司北京代表处	2008/9/23	北京
6	伦敦证券交易所有限责任公司北京代表处	2008/1/10	北京
7	新加坡交易所有限公司北京代表处	2007/11/20	北京
8	韩国交易所北京代表处	2007/11/19	北京
9	日本东京证券交易所株式会社北京代表处	2007/10/30	北京
10	美国纳斯达克股票市场有限责任公司北京代表处	2007/9/21	北京
11	美国纽约证券交易所有限责任公司北京代表处	2007/9/3	北京
12	香港交易及结算所有限公司北京代表处	2003/9/5	北京
13	巴西证券期货交易所上海代表处	2013/3/11	上海

附表9 双边监管合作谅解备忘录一览表

序号	国家/地区	境外监管机构名称	签署时间	合作文件名称	备注
1	中国香港特别行政区	香港证券及期货事务监察委员会	1993/6/19	监管合作备忘录	
			1995/7/4	有关期货事宜的监管合作备忘录	
			2016/11/3	内地与香港股票市场交易互联互通机制下中国证监会与香港证监会加强监管执法合作备忘录	
			2017/12/29	关于期货事宜的监管及执法合作备忘录	
			2018/11/9	关于跨境受监管机构监管合作及交换信息谅解备忘录	
2	美国	美国证券交易委员会	1994/4/28	关于合作、磋商及技术协助的谅解备忘录	
		美国商品期货交易委员会	2002/1/18	期货监管合作谅解备忘录	
		美国证券交易委员会	2006/5/2	中国证券监督管理委员会与美国证券交易委员会合作条款	
3	新加坡	新加坡金融管理局	1995/11/30	关于监管证券和期货活动的相关合作与信息互换的备忘录	
			2018/11/12	关于期货监管合作与信息交换的谅解备忘录	
4	澳大利亚	澳大利亚证券委员会	1996/5/23	证券期货监管合作谅解备忘录	

续表

序号	国家/地区	境外监管机构名称	签署时间	合作文件名称	备注
5	英国	英国财政部、英国证券与投资委员会	1996/10/7	证券期货监管合作谅解备忘录	
		英国金融行为监管局	2018/10/17	上海与伦敦证券市场互联互通机制监管合作谅解备忘录	
6	日本	日本大藏省	1997/3/18	谅解备忘录	
		日本金融厅	2018/10/26	关于促进两国证券市场合作的谅解备忘录	
7	马来西亚	马来西亚证券委员会	1997/4/18	证券期货监管合作谅解备忘录	
8	巴西	巴西证券委员会	1997/11/13	证券监管合作谅解备忘录	
9	法国	法国证券委员会	1998/3/4	证券期货监管合作谅解备忘录	
		法国金融市场委员会（现译为法国金融市场管理局）	2006/12/7	中国证监会与法国金融市场委员会关于相互合作的函	
		法国金融市场管理局	2018/12/7	法国金融市场管理局与中国证券监督管理委员会关于金融领域创新合作之谅解备忘录	
		法国金融市场管理局	2019/3/25	关于金融领域创新合作之谅解备忘录	
10	意大利	意大利国家证券监委员会	1999/11/3	证券期货监管合作谅解备忘录	
11	埃及	埃及资本市场委员会	2000/6/22	证券监管合作谅解备忘录	
12	罗马尼亚	罗马尼亚国家证券委员会	2002/6/27	证券期货监管合作谅解备忘录	
13	南非	南非金融服务委员会	2002/10/29	证券期货监管合作谅解备忘录	
14	荷兰	荷兰金融市场管理局	2002/11/1	证券期货监管合作谅解备忘录	
15	比利时	比利时银行及金融委员会	2002/11/26	证券期货监管合作谅解备忘录	
16	加拿大	加拿大证券监管机构初始参与成员	2003/3/21	证券期货监管合作谅解备忘录	

续表

序号	国家/地区	境外监管机构名称	签署时间	合作文件名称	备注
17	瑞士	瑞士联邦银行委员会	2003/5/22	证券期货监管合作谅解备忘录	
18	印度尼西亚	印度尼西亚资本市场监管委员会	2003/12/9	关于相互协助和信息交流的谅解备忘录	
		印度尼西亚商品期货交易监督局	2004/10/14	期货监管合作谅解备忘录	
19	新西兰	新西兰证券委员会	2004/2/20	证券期货监管合作谅解备忘录	
20	葡萄牙	葡萄牙证券市场委员会	2004/10/26	证券期货监管合作谅解备忘录	
21	尼日利亚	尼日利亚证券交易委员会	2005/6/14	证券期货监管合作谅解备忘录	
22	越南	越南证券委员会	2005/6/27	证券期货监管合作谅解备忘录	
23	印度	印度证券及交易委员会	2006/9/15	证券期货监管合作谅解备忘录	2015年9月，印度远期市场交易委员会（FMC）与印度证券交易委员会（SEBI）合并，FMC与中国证监会签署的商品期货监管合作谅解备忘录由SEBI继承
		印度远期市场委员会	2006/11/21	商品期货监管合作谅解备忘录	
24	阿根廷	阿根廷国家证券委员会	2006/9/20	证券期货监管合作谅解备忘录	
25	约旦	约旦证券委员会	2006/9/20	证券期货监管合作谅解备忘录	
26	挪威	挪威金融监管局	2006/9/26	证券期货监管合作谅解备忘录	
27	土耳其	土耳其资本市场委员会	2006/11/10	证券期货监管合作谅解备忘录	
28	阿联酋	阿联酋证券商品委员会	2006/12/6	证券期货监管合作谅解备忘录	
29	泰国	泰国证券交易委员会	2007/4/11	证券期货监管合作谅解备忘录	
30	列支敦士登	列支敦士登金融管理局	2008/1/15	证券期货监管合作谅解备忘录	
31	蒙古	蒙古金融监管委员会	2008/1/24	证券监管合作谅解备忘录	

续表

序号	国家/地区	境外监管机构名称	签署时间	合作文件名称	备注
32	迪拜	迪拜金融服务局	2008/9/27	证券期货监管合作谅解备忘录	
33	爱尔兰	爱尔兰金融服务监管局	2008/10/23	证券期货监管合作谅解备忘录	
34	奥地利	奥地利金融市场管理局	2008/10/30	证券期货监管合作谅解备忘录	
35	西班牙	西班牙国家证券市场委员会	2009/10/6	证券期货监管合作谅解备忘录	
36	台湾地区	台湾方面金融监督管理机构	2009/11/6	海峡两岸证券及期货监管合作谅解备忘录	
37	马耳他	马耳他金融服务局	2010/1/26	证券期货监管合作谅解备忘录	
38	科威特	科威特股票交易所委员会	2010/5/5	证券期货监管合作谅解备忘录	
39	巴基斯坦	巴基斯坦证券交易委员会	2010/12/17	证券期货监管合作谅解备忘录	
40	以色列	以色列证券管理局	2011/3/29	证券期货监管合作谅解备忘录	
41	卡塔尔	卡塔尔金融市场管理局	2011/4/7	证券期货监管合作谅解备忘录	
42	老挝	老挝证券交易委员会	2011/9/19	证券期货监管合作谅解备忘录	
43	瑞典	瑞典金融监管局	2012/4/24	证券期货监管合作谅解备忘录	
44	塞浦路斯	塞浦路斯证券交易委员会	2012/5/17	证券期货监管合作谅解备忘录	
45	卢森堡	卢森堡金融监管委员会	2012/5/17	证券期货监管合作谅解备忘录	取代1998年5月18日中国证监会与卢森堡证券委员会签署的《证券监管合作谅解备忘录》
46	乌克兰	乌克兰国家证券和股市委员会	2013/8/30	证券期货监管合作谅解备忘录	取代1997年12月22日中国证监会与乌克兰证券和股市委员会签署的《证券监管合作谅解备忘录》
47	立陶宛	立陶宛银行	2013/9/13	证券期货监管合作谅解备忘录	

续表

序号	国家/地区	境外监管机构名称	签署时间	合作文件名称	备注
48	耿西岛	耿西金融服务委员会	2013/11/18	证券期货监管合作谅解备忘录	
49	白俄罗斯	白俄罗斯共和国财政部	2014/1/20	证券期货监管合作谅解备忘录	
50	文莱	文莱金融管理局	2014/2/17	证券期货监管合作谅解备忘录	
51	泽西岛	泽西岛金融服务委员会	2014/4/9	证券期货监管合作谅解备忘录	
52	马恩岛	马恩岛金融监督管理委员会	2014/6/9	证券期货监管合作谅解备忘录	
53	波兰	波兰金融监督管理局	2015/3/23	证券期货监管合作谅解备忘录	
54	哈萨克斯坦	哈萨克斯坦国家银行	2015/5/13	证券期货监管合作谅解备忘录	
55	阿塞拜疆	阿塞拜疆国家证券委员会	2015/5/19	证券期货监管合作谅解备忘录	
56	俄罗斯	俄罗斯中央银行	2016/6/25	证券期货监管合作谅解备忘录	取代2008年8月8日中国证监会与俄罗斯联邦金融市场监督总局签署的《证券期货监管合作谅解备忘录》
57	阿布扎比	阿布扎比全球市场金融服务监管局	2016/7/14	证券期货监管合作谅解备忘录	
58	智利	智利证券和保险监管局	2017/5/13	证券监管合作谅解备忘录	
59	希腊	希腊资本市场委员会	2017/8/31	证券期货及其他投资产品监管合作谅解备忘录	
60	韩国	韩国金融服务委员会/韩国金融监督院	2018/5/28	证券期货监管合作谅解备忘录	取代2001年6月19日中国证监会与韩国金融监督委员会签署的《证券期货监管合作安排》

续表

序号	国家/地区	境外监管机构名称	签署时间	合作文件名称	备注
61	伊朗	伊朗证券和交易组织	2018/6/10	证券期货及其他投资产品监管合作谅解备忘录	
62	开曼群岛	开曼群岛金融管理局	2018/11/5	证券期货监管合作谅解备忘录	
63	德国	德国联邦金融监管局	2019/1/18	证券期货监管合作谅解备忘录	取代1998年10月8日中国证监会与德国联邦证券监管委员会《证券监管合作谅解备忘录》
			2019/3/18	关于期货监管合作与信息交换的谅解备忘录附函	
64	柬埔寨	柬埔寨证券交易委员会	2019/6/21	证券期货监管合作谅解备忘录	
65	澳门特别行政区	澳门金融管理局	2020/6/30	合作备忘录	
66	直布罗陀	直布罗陀金融服务委员会	2020/12/22	证券期货监管合作谅解备忘录	
67	匈牙利	匈牙利中央银行	2021/7/26	证券期货监管合作谅解备忘录	

后记

在《中国证券监督管理委员会年报（2023）》的编写过程中，我们得到了证监会内各司局（单位）和证监会系统单位的大力支持，并特别感谢以下人员对此项工作的贡献。

年报编写组（按姓氏笔画排序）

丁肇启　马文锐　马　珊　王兆宇　王宇婷　王庭培　王骏娴　王　魁　王新晨　毛寒松　卢边静子
刘　畅　刘　原　刘子培　许立伟　李永焱　李亚东　张　正　张　齐　张继芃　张　鹂　张新迪
吴奇龙　何泽华　陈清云　苏兴国　赵汉卿　赵凯婕　周　孟　郝帅龙　高苗苗　桂苡鑫　倪恒旺
谈从炎　梅　江　常金鹏　董芳园　瞿成元

在年报的设计出版过程中，中国财政经济出版社等机构提供了协助，在此表示衷心感谢。

由于年报编写设计时间有限，书中难免有疏漏之处，欢迎读者朋友提出宝贵意见。相关意见建议请发送电子邮件至contact@cifcm.cn，我们将及时予以反馈。

中证金融研究院

2024年10月